洛杉矶篇
Los Angeles

没有我 不知道的美国

THERE'S NOTHING I DON'T KNOW ABOUT THE USA

丛书主编 / 江涛 陈超　　**本书主编** / 江涛 王丽丽 许红彬

石油工业出版社

Such events should be held regularly as they go a long way in fostering friendly ties between children of different nationalities as they get to know each other better through such interactions.

——巴基斯坦驻华大使馆大使 H.E. Masood Khalid

It always puts a smile on my face to see such an inspiring group of youngsters. In my eyes you are true ambassadors of your country that everyone can be proud of.

——荷兰王国驻华大使馆大使 Aart Jacobi

In today's modern world changes are rapid and there is a constant need for adjustment from all of us. Education and willingness to learn are more and more important, so I strongly support your activities to broaden your knowledge about the world, foreign languages and foreign countries.

——斯洛文尼亚共和国驻华大使馆特命全权大使 Marija Adanja

I am very happy to see your efforts on cultivating kids with Chinese and foreign countries' culture. It really helps them to be real ambassadors of tomorrow. Keep up!

——埃塞俄比亚驻华大使馆参赞 Teshome Shunde Hamito

It is a great pleasure to communicate with Chinese kids. To us it is very important to start education about Poland from early age. This way, we hope our two countries will have better and better relations, will understand each other better and will strengthen cooperation in the future.

——波兰驻华大使馆文化处高级专员 Ewa Szkudelska

"The reef of today are the islands of tomorrow." I wish you all the best in your future endeavors.

——汤加王国驻华大使馆大使 Mr. Siamelie Latu

It was very interesting to be in the company of twenty Chinese children, to learn from them and to share with them the history of Ghana and other cultural experience. I must say these children have great future and I hope their teachers will take care of them. My best wishes to you all.

——加纳驻华大使馆公使 Isaac Odame

I would like to express my deep impression by those young students during their visit to our Embassy. It gave me the opportunity to share with them about their ambitious dreams. I hope one day to see them in my country — Bahrain.

——巴林王国驻华大使馆二等秘书 Hashem Kadhem

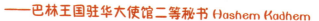

Cultural exchanges are an integral part of the relations between Finland and China that have reached their 65th anniversary in 2015. Especially the exchanges of children and youth is important as they lay foundation for the future.

——芬兰驻华大使馆新闻文化官员 Mikko Puustinen

It has been our great pleasure to have the Young Ambassadors as our guests at the Embassy during the past years. The enthusiasm and the interest for Norwegian culture the Young Ambassadors have shown have been very motivating and inspiring for me and the staff at the Embassy. We look forward to continue our cooperation on cultural exchange with the Young Ambassadors in the years to come and hope to see you again!.

——挪威王国驻华大使馆文化参赞 Inger Marie Rossing

Thank you very much to come today. I wish you will continue doing great things. And more and more best wishes.

——西班牙文化中心·文化官员 Guillermo

In the name of the Ambassador and all the diplomats of Djibouti Embassy, we are very pleased to have received the students and hope to see all the students next year!

——吉布提驻华大使馆外交官员 Omar

I am very please to have welcomed all of you at the Embassy of Indonesia. I wish that you all will visit Indonesia and tell your other friends about my beautiful country. I wish you all the best.

——印度尼西亚驻华大使馆社会文化参赞 Santo

The Afghan Embassy wish you a great and promising future!

——阿富汗驻华大使馆官员 Dr. Sharif Popa

On behalf of the Colombian Embassy, we would like to say congratulations to the Young Cultural Ambassador Organization to promote the cultural exchange with the countries, especially Colombian Culture.

——哥伦比亚驻华大使馆一等秘书 Primer Secretario

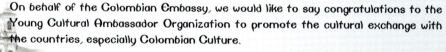

The United States has many beautiful places to see, and I'm very happy that the Young Cultural Ambassadors are getting the chance to visit these places and learn more about America's history and culture. I hope that you stay curious and keep traveling to new places all throughout your lives. Good luck with your adventures in America and around the world!

——美国驻华大使馆领事处副领事 Nelson Wen

PREFACE 序

疯玩

记忆中学生时代的出游，比较深的一次是读小学的时候，学校组织去岳阳。那一次真叫得上是疯玩，来去都是利用晚上的时间乘船，同学们在船上打升级、聊大天、嗑瓜子。小伙伴们在一起就是开心，不论做什么，忘了白天黑夜，忘了走路爬山，忘了沿途风景，忘了文化历史，当然，之所以记忆深刻，还因为回程的时候，有一个同学可能是太兴奋了，不小心抑或是小心，总之，把船上的抛锚系统给启动了，结果一艘船半夜都还没回来。

此后的中小学，甚至大学生涯，还有若干次这种和同学同游的经历，大同小异。打牌、吃饭、打牌、吃饭、打牌、睡觉、打牌，在很长的时间里，我以为出游本该如此，这种野蛮疯玩就应该叫做成长的本色。

傻游

印象中，中小学期间还有一种出游方式，就是随同父母旅游。记忆深刻的一次，是去南京、杭州、上海傻游了一圈。报的是个便宜的旅行社，住的是廉价旅馆，晚上要全家起来一起打蚊子。至今对着照片我也想不起来都去过哪儿了。只记得每天都是一大群人，每天很赶，要去很多地方，可是除了照相没有任何我喜欢的活动。当然，这次记忆深刻，还因为有一次迟到了，载我们来的大巴都开动了，父亲不顾危险使劲拍门，我们3人才得以上车，还被导游罚全家鞠躬道歉。

此后的中小学，这种傻游，也还有几次。其共性是一天，一大群人，傻坐一天车，傻赶一天路，恨不得屁股坐烂腿走断，傻照一天相，不知道来的是哪儿，为什么要来，反正一天之内去过的景点越多就好像越满足。

这种体验使得我后来一直拒绝和家人出游，对于幼小的我来说，除了能吃冰激凌，剩下的就只有"坐牢"的感觉。

疯玩和傻游

"疯玩"和"傻游"有的时候是可以结合起来的。前两年，我表侄参加了一个以北京知名大学"励志"为主题的夏令营。最后

一日结营，我爸爸去接他来家玩两天。第二天，爸爸就吐槽说，现在孩子参加夏令营太辛苦了。表侄在营地的最后一天，是这么度过的：早上3点半起床，洗漱后乘车2个小时（住在河北三河，接壤北京东郊）到天安门看升旗；然后到公安大学食堂吃早餐；然后乘车45分钟被叫醒去动物园；中午在北京建筑大学食堂吃午餐；然后乘车1个小时被叫醒去颐和园；然后乘车45分钟被叫醒去空军指挥学院食堂吃晚餐；然后乘车45分钟去林业大学被叫醒开结营仪式。到晚上9点父亲才把孩子接上，45分钟车程后到家，这次没叫醒他，把他搬到床上，一觉睡到了第二天下午4点。问他夏令营都去哪了，看到了什么、玩了什么、学到了什么，一概记不大清楚了。但是问好不好玩？答，好玩！下次还参不参加？参加！看，"疯玩"和"傻游"的奇妙组合！

那次表侄的体验对我触动很大，后来跟我堂姐说起来，她很不以为然，说，他们去了好多地方啊！有照片为证啊！我无语了，小朋友和同龄人在一起，当然好玩，玩泥巴也能玩一天，高高兴兴的。然而，仅此而已，至于说到在各大大学食堂的"励志"，说到对京都文化和历史的探寻，我想都是家长们拿着宣传单，念着机构承诺的各种能力提高，在对着孩子们在标志性建筑物前的集体照时的自我想象和心里暗示而已。

研学旅行

2010年我们决定设计一个能够区别于普通才艺和语言类比赛的青少年活动，目的在于通过活动和实践来提高中小学生的综合表达能力和实践动手能力，这个想法得到了中国教育学会领导和专家们的大力支持。这也是"中华文化小大使"活动的起源。至于说，价值体现、运作模式，开始的时候想得并不是很清楚。

2011年的夏天，我们组织了第一次"中华文化小大使"出访美国的活动。当时有36名从北京各区县遴选出来的孩子。在和美国的迪士尼通了36封邮件后，我们成为了第一批到美国迪士尼表演的北京小学生。当时演出的节目叫"美猴王求爱记"，是一个原创的音乐剧，套用现在流行的说法，那是一个从故事创意到叙述技巧，都不失为一个好莱坞电影级别的IP。

演出之余，我们自然是组织孩子们在梦寐以求的乐园里畅玩各种游乐设施。可是，大夏天的，往往一个游乐设施要孩子们等上一个多小时，傍晚回酒店时孩子们都很沮丧，还有很多很多游戏都没有时间玩，全浪费在排队上了。第二天要去环球影城，为了充分利用排队的时间，我们连夜为孩子们设计了一个英语调查活动，名为《美国人眼中的中国》。

活动的大致思路就是让孩子们在排队或是午餐的时候去采访同是排

队或是午餐的当地游客，了解他们心中的中国印象。我们把调查问题分为："您知道的中国城市有哪些？""您知道的中国食物有哪些？""您知道的中国名人都有谁？"等等。为了拔高难度以示区分，我们的最后一个问题是："如果让您选择一个颜色代表中国，您会选哪一种，为什么？"

傍晚回酒店的途中，孩子们就开始叽叽喳喳地比较战果了。一个三年级孩子汇报说，"老师，我的第四个美国朋友说他选红色代表中国。"我漫不经心地问，"好啊，为什么呢？""他说是国旗！中国的国旗是红色的。""有点道理。"我应和了一句，心里却想，大众答案，没什么新意。"他说，最开始他也不知道中国的国旗是红色的，可是在上次奥运会上，好多次中国拿奖牌的时候，都升中国的国旗，慢慢地，他就认为中国的颜色就是红色了。老师，我觉得作为一个中国人，我当时特别高兴，特别自豪！"

……

五年后的今天，当我描述这一段失语的片段时，依然心潮澎湃。谁说孩子只喜欢疯玩？谁说孩子去趟美国，就只会崇洋媚外？谁说中小学生的爱国主义教育工作不好搞？失语中，我仿佛发现一扇大门正缓缓地向我们敞开……

"老师，美国国旗上的星星，随着州的数量的增加，也在增加，好注重领土扩张啊！""是啊，那你们觉得我们应该学习到什么呢？""老师，写封信建议习大大把钓鱼岛画到国旗上。"

"老师，英国人排队，人和人隔得好远啊""还有呢？""他们好安静啊！""还有呢？""他们怎么这么悠闲呢？时间不是金钱吗？"

"老师，看，前面的人红灯过马路！""是中国人吗？""不是！是白人。您看，又有俩，要不要我去提醒他们？"

……

后来的五年。感动我的实践成果实在是太多。

2016年，教育部基础教育一司印发的《2016年工作要点》中提出"要加强研学旅行工作"。让我眼前一亮，五年来一直在摸着石头前进的一项工作，被教育部定义了。原来，这个叫"研学旅行"！官方的解释为：由学校根据区域特色、学生年龄特点和各学科教学内容需要，组织学生通过集体旅行、集中食宿的方式走出校园，在与平常不同的生活中拓展视野、丰富知识，加深与自然和文化的亲近感，增加对集体生活方式和社会公共道德的体验，以培养学生的自理能力、创新精神和实践能力。

而我个人对"研学旅行"的理解则更为通俗："读万卷书，行万里路！"旅行是过程，研学是目的，过程必须有趣，而目的必须明确。

略有小成的集结

五年来，无论是"小大使"走进使馆，还是"小大使"出访国外，我们都按照"知识与技能""过程与方法""情感态度与价值观"三个维度来精心地设计每一次活动，因而日积月累，攒下了不少被验证过的活动素材，无论是知识性的，还是游戏性的。

我也一直想把这些经验性的东西集结出版，但一直困于具体繁务，也经常用"酒还是陈年的更香"之类的理由拖延启动的时间。直到 2015 年 9 月，我们接受英国文化委员会和英国英语协会的邀请深入调研了英国的很多学校，让我有机会了解了英国的一些活动课程的设计和实施，才促使我下定决心于回国后立即启动开发这套丛书的工程。

目前展示在读者朋友面前的《没有我不知道的美国》系列丛书，是一套专门为中小学生量身打造的环球旅行书中的美国卷。它既是一套可以开阔眼界、学习知识的环球历史、文化知识读本，也是一套环球活动实践手册。

趣味十足，引人入胜。图文并茂，形象生动。
学导为主，讲练结合。篇篇原创，兼顾双语。

以上是我在启动这套丛书时的期望。目前看来，虽然由于时间原因可能局部篇章文字还不够优美，展开的章节也未必符合所有人的口味，但这套丛书基本符合在选题之初设定的各项标准，实为一套良心之作！

还值得一提的是，本套书的前两本洛杉矶篇和旧金山篇，已于 2016 年 1 月在北京第二实验小学参加教育部"千校携手"访美活动中试用，反响良好。

因此，我郑重地向每一位对世界感到好奇、想要未来胸怀世界的中小学生和广大天下望子成龙、望女成凤的家长推荐这套丛书。

是为序。

2016 年 7 月

DIRECTIONS 使用说明

　　《没有我不知道的美国》系列丛书包含四个分册：《没有我不知道的美国　华盛顿篇》《没有我不知道的美国　旧金山篇》《没有我不知道的美国　洛杉矶篇》和《没有我不知道的美国　纽约篇》。

　　本书为《没有我不知道的美国　洛杉矶篇》，下面将以图示的形式为各位读者一一讲解本书的独特之处和实用意义：

　　第一、章节设定，精心合理。五年来，我们带着大量学生团体经过多次实地考察和运用，筛选出洛杉矶最知名、最受欢迎且最能让人们了解美国文化、历史的10大活动场所。每个场所自成1章，全书共10章，文化、教育、娱乐、体育等领域各有代表。认真学完这10章，相信每位读者都会对洛杉矶以及美国的历史有更深刻的了解。

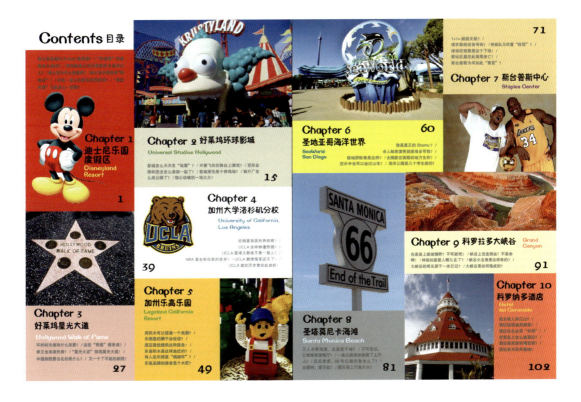

　　第二、学导为主，兼顾双语。每章都有6~10页是以讲故事的方式介绍与本章主题相关的文化知识和历史事件，诱发读者阅读的兴趣和对知识的渴望。再配以相关的英文句子和名词解释，培养读者双语阅读的习惯并扩充知识储备。

引人入胜的标题，让读者对下面的故事充满期待。

"星光大盗"惊现星光大道！

星光大道的"星星"并不一定是永久的、安全的，有时也可能会被盗窃、破坏。2000年，有两位名人的星标印记先后被偷，最后在一位建筑工人家中被找到。最疯狂的盗窃发生在2005年，小偷用锯子将明星格利高里·派克的星标印记硬生生地锯了下来，直到现在，被盗的星星和犯罪者都没有找到。

深挖每个专题背后的历史文化。用最简短直观的故事唤起读者的阅读欲望；用最严谨优美的文字培养读者良好的语言表达习惯。

地道纯正的英文句子，培养读者双语阅读习惯。同时，读者还可以借助本页的中文故事和底下的单词注释进行句子翻译练习，充分利用学习资源。

The stars in the Walk of Fame also suffer from¹ theft² and vandalism³.

1. suffer from 遭受   2. theft /θeft/ n. 盗窃，偷
3. vandalism /ˈvændəlɪzəm/ n. 故意破坏

31

第三、图文并茂，形象生动。 从开篇综述到练习结尾，每一页都配有高清美图，不仅帮助读者消除视觉疲劳，而且还能让读者更直观地了解文字所表达的涵义。

第四、原创练习，贴切有趣。 每个章节最后都设置了 3 页左右的原创练习，包括图文搭配题、找词填词游戏、九宫格排序、数字字母表解密、侦探寻宝任务、童话角色扮演等等。这些练习不仅趣味十足，而且贴合孩子的认知和喜好，能激发孩子做题的兴趣。

本书还包含了 10% 的实践题(3~4 题)，前面以一个"博士帽"的图标来标示。此类题主要包含实地场景演绎题和采访题，是为了到实地游学的读者而特地设置的，以增强本书的实用功能。同时不去实地旅游的读者也可以根据前面的文字或上网查阅资料或跟父母、老师、同学共同合作来完成，以锻炼自己解决问题的能力和沟通交流的能力。

第五、练习设计，注重能力。 通过对新课程"三维目标"的深度剖析，我们从中总结了其所涉及的 6 大能力培养方向（见下页"6 大能力培养方向一览表"），又据此设计了练习（见目录前页的"6 大能力体现一览表"）。希望各位小读者能根据下面的能力表和自身的条件，有针对性地选取练习题来做，当然能全部做完更好哦；同时，我们也建议父母能参与到孩子的学习过程中来，体验亲子学习的乐趣。

6大能力培养方向一览表

三维目标	立足点	详细解释	对应能力培养
知识与技能	让学生"学会"	即学会知识和技能，知识包括学科知识、意会知识（生活和社会经验中获取的知识）和信息知识（通过多种信息渠道而获得的知识）；技能包括获取、收集、处理、运用信息和知识的能力、创新精神和实践能力、终身学习的愿望和能力。	知识运用能力创新实践能力
过程与方法	让学生"会学"	也就是注重学习的过程和方式，过程指应答性学习环境和交往、体验。方法包括基本的学习方法（自主学习、探究学习、合作学习）和具体的学习方法（发现式学习、小组式学习、交往式学习）。	动手动脑能力团队协作能力沟通交流能力
情感、态度与价值观	让学生"乐学"	即通过声情并茂、积极互动、以身作则的情感和道德教学培养学生的学习兴趣、学习责任、乐观的生活态度、求实的科学态度以及宽容的人生态度，并使学生内心确立起对真善美的价值追求。	沟通交流能力情感表达能力

最后，我们也真诚地期待读者朋友们能对其中的不足给予批评和指正，以让我们能为大家献上更完美、更实用的知识读本和研学旅行实践教材！

编者
2016 年 7 月

6大能力体现一览表

10大章节	知识运用能力	创新实践能力	动手动脑能力	团队协作能力	沟通交流能力	情感表达能力
Chapter 1 迪士尼乐园度假区	迪士尼著名影片信息填空题；探险乐园主题区与文字介绍配对题	找出迪士尼的内部景点	根据中英文名将地图景点与对应介绍配对		调研，补充特朗·迪士尼的名片信息	
Chapter 2 好莱坞环球影城	关于好莱坞电影作品的选择题	观察影城布局，回答问题	动画角色涂色及配对题			
Chapter 3 好莱坞星光大道	领域与对应图标配对题；关于特殊星星的单选题；有关莱坞斯卡奖的单选题		画出明星所对应的领域的星星图标			
Chapter 4 加州大学洛杉矶分校	关于UCLA的选择题		补全UCLA历史时间轴		调研，帮助学校完善校友信息表	
Chapter 5 加州乐高乐园	园区介绍与图片配对题			和小伙伴一起做拼图游戏	看图填空，并讲解童话故事内容	用不同的情感演绎电影台词
Chapter 6 圣地亚哥海洋世界	场馆广告牌与馆图片配对题	帮助游客找到场馆			关于海洋动物的问卷调查题	
Chapter 7 斯台普斯中心	关于篮球基本信息的单选题	根据安排表选择正确的图片		帮助工作人员将雕像与介绍牌配对		
Chapter 8 圣塔莫尼卡海滩	景点图片与文字介绍配对题；根据描述补充图信息		根据景点名称找词猜图案游戏			
Chapter 9 科罗拉多大峡谷	关于大峡谷基本信息的单选题	根据观察完成表格		帮助工作人员选出正确的路标		
Chapter 10 科罗纳多酒店	关于酒店基本信息的单选题		完成活动安排表；入住名人图片与文字介绍配对题			

Contents 目录

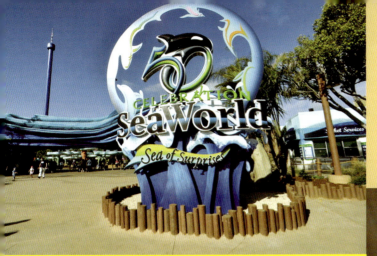

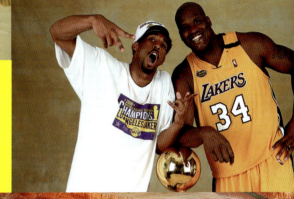

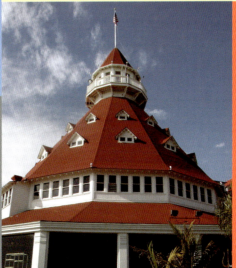

洛杉矶
Los Angeles

洛杉矶（Los Angeles），一座位于美国西海岸的城市，又称为"天使之城"。由于洛杉矶是美国石油化工、海洋、航天工业和电子业的最大基地，是美国科技的主要中心之一，因此又享有"科技之城"的称号。

1542 年，第一批欧洲人到达洛杉矶，并宣布这个地区是西班牙帝国的天国。1781 年，洛杉矶正式成为西班牙的殖民地。1821 年，洛杉矶归属墨西哥。1846 年墨西哥将加利福尼亚州割让给美国，洛杉矶正式成为美国的领土。

洛杉矶一望无垠的沙滩和明媚的阳光、闻名遐迩的"电影王国"好莱坞、引人入胜的迪斯尼乐园、斑斓诡秘的科罗拉多大峡谷又使洛杉矶成为一座举世闻名的"电影城"和"旅游城"。

迪士尼乐园度假区
Disneyland Resort

　　迪士尼乐园度假区位于洛杉矶东南的阿纳海姆市，是世界上最大的综合游乐场之一，主要包括迪士尼乐园和迪士尼加州探险乐园。其中迪士尼乐园是唯一一座由"米老鼠之父"华特·迪士尼一手创办的主题乐园。探险乐园则是一座呈现加州历史和文化风情的乐园。自开业以来，这里就成为了世界上最受欢迎的主题乐园之一，吸引着世界各地的游客，包括国家总统、皇室以及世界顶级明星。这里不仅是全世界儿童梦寐以求的欢乐天堂，也是成人重温旧日时光的地方。

迪士尼动画片
大 Boss 竟是他？

大家小时候都看过《白雪公主与七个小矮人》和《睡美人》的童话故事，但你们知道是谁将它们拍成动画片的吗？他就是迪士尼乐园的开创者、著名的动画大师华特·迪士尼。1923 年华特来到洛杉矶，成立了华特迪士尼制片厂，随后他创作了包括米老鼠、唐老鸭在内的众多受欢迎的卡通形象，并推出了《小飞侠》《101 忠狗》《森林王子》等广受小朋友们喜欢的影片。

Walt Disney was an American entrepreneur[1], cartoonist[2], animator[3], voice actor[4], and film producer[5].

1. entrepreneur /ˌɒntrəprəˈnɜː(r)/ *n.* 企业家　　2. cartoonist /kɑːˈtuːnɪst/ *n.* 漫画家
3. animator /ˈænɪmeɪtə(r)/ *n.* 动画制作者　　4. voice actor 配音演员
5. film producer 电影制片人

"米老鼠"形象是怎么来的?

幸运兔奥斯华是迪士尼工作室早期创作的卡通明星。当时华特将幸运兔卡通片的发行权交给了环球影业,但在版权问题上产生了纠纷,因此华特不得不放弃奥斯华,让自己工作室的动画师伊沃克斯重新创作一个卡通角色。伊沃克斯重新设计了许多包括猫、狗在内的卡通角色,但都不能令华特满意,直到后来伊沃克斯从一张画着华特和他的宠物老鼠的草图中获得灵感,最终设计出受大众喜爱的米老鼠形象。

Mickey Mouse was created as a replacement[1] for Oswald the Lucky Rabbit[2], an earlier[3] cartoon character[4] created by the Disney studio[5] for Charles Mintz.

1. replacement /rɪ'pleɪsmənt/ n. 替代品　　　2. Oswald the Lucky Rabbit 幸运兔奥斯华
3. early /'ɜːli/ adj. 早期的（比较级：earlier 早期的，更早的）
4. cartoon character 卡通角色　　　5. studio /'stjuːdiəʊ/ n. 工作室

3

华特建迪士尼乐园是因为他的女儿？

二十世纪初，华特·迪士尼经常带女儿到游乐园玩，他发现孩子们在那儿玩得不亦乐乎，但大人们却都百无聊赖。于是他萌生了建造一个能同时为成人和孩子提供娱乐服务的场所的想法，但这个计划却因种种原因被搁置多年。直到后来，许多人写信给他，希望能参观他建立的迪士尼电影制片厂，考虑到电影制片场当时无法为影迷提供招待，于是华特决定在制片厂附近建造一座游乐园。

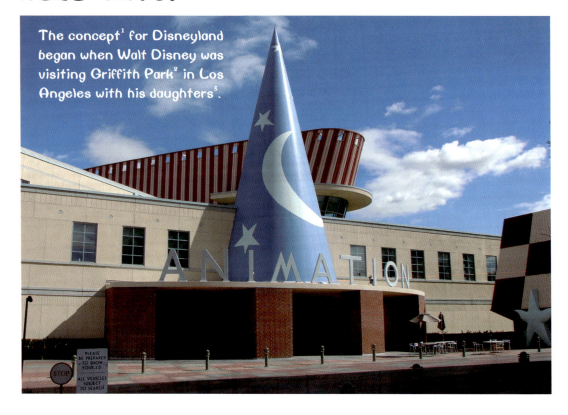

The concept[1] for Disneyland began when Walt Disney was visiting Griffith Park[2] in Los Angeles with his daughters[3].

---

1. concept /ˈkɒnsept/ *n.* 想法
2. Griffith Park 格里菲斯公园（北美最大的都市公园）
3. daughter /ˈdɔːtə(r)/ *n.* 女儿

迪士尼为什么要搬家?

　　华特本打算将游乐园建在迪士尼制片厂旁一处8英亩大小的空地上，但他手下的设计师对这座游乐园的预期规划超过了现有的土地范围。于是，华特雇佣了来自斯坦福研究机构的哈里逊·普莱兹来帮他为游乐园选取新的地址。在哈里逊的建议下，华特购买了洛杉矶东南方靠近橘县的面积约为160英亩的土地，并将这块土地作为游乐园的新址。

Based on Price's analysis[1], Disney acquired[2] 160 acres[3] of orange groves[4] and walnut[5] trees in Anaheim, southeast of Los Angeles in neighboring Orange County[6].

1. analysis /əˈnæləsɪs/ n. 分析　　2. acquire /əˈkwaɪə(r)/ vt. 买下　　3. acre /ˈeɪkə(r)/ n. 英亩
4. grove /ɡrəʊv/ n. 果园　　5. walnut /ˈwɔːlnʌt/ n. 胡桃
6. Orange County 橘郡，橘县（位于美国加利福尼亚州南部、相对富裕的一个郡）

迪士尼乐园竟是"赔钱货"？

迪士尼乐园工程耗资巨大，当时的媒体和批评家并不看好这个项目，认为它会赔钱，就连其他游乐园的运营者都预测这将会是一次"惊人的失败"。而华特却做出了游乐园会在一年之内对外开放这一"不可能实现"的承诺。为了实现这一承诺，华特倾尽了全力，他每时每刻都在游乐园里指导并鼓励工人。到了晚上，更是连家都不回，就睡在游乐园消防站上层临时搭建的房间里。

Construction[1] began on July 16, 1954 and cost[2] $17 million to complete[3].

1. construction /kən'strʌkʃn/ *n.* 建设
2. cost /kɒst/ *vt.* 花费
3. complete /kəm'pliːt/ *vt.* 完成

华特·迪士尼能否扭转乾坤?

　　由于仓促赶工，乐园内的许多细节工作还未落实便对游客开放。这导致开幕日当天上演了一部灾难片：大量游客凭假票进入游乐园；一些游乐设施并不完善，睡美人城堡因气体泄露而出现火焰……不过这一切从未让华特动摇，他说"再给我一个月，一切就能顺畅起来"。果然，改善后的迪士尼吸引了所有人的眼球，开园才一年多，游客量就突破了一千万人次！

Disneyland has a larger cumulative[1] attendance[2] than any other theme park[3] in the world, with over 650 million guests[4] since it opened.

---

1. cumulative /'kjuːmjələtɪv/ *adj.* 累积的 　　2. attendance /ə'tendəns/ *n.* 出席人数
3. theme park 主题公园 　　4. guest /gest/ *n.* 客人，顾客

"探险乐园" 又是怎么一回事？

1995 年夏天，迪士尼公司的时任执行总裁艾斯纳将公司的高管们聚集在科罗拉多，讨论在加州新建第二个主题公园的提议。通过会议讨论，迪士尼公司决定建造一座呈现加州历史和文化风情的游乐园。这座乐园被命名为迪士尼加州探险乐园，是由迪士尼乐园最初的停车场改建而成的，于 2001 年开幕，与迪士尼乐园一并称为"迪士尼乐园度假区"。

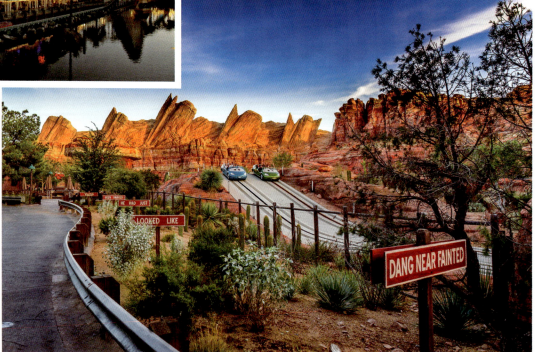

Disney California Adventure[1], the 72-acre park, is themed[2] after the history[3] and culture[4] of California.

1. Disney California Adventure 迪士尼加州探险乐园
2. themed /θiːmd/ *adj.* 以……为主题的
3. history /ˈhɪstri/ *n.* 历史
4. culture /ˈkʌltʃə(r)/ *n.* 文化

华特·迪士尼
Walt Disney

（答案见第 112 页）

明天就要去期盼已久的迪士尼乐园了，老师让小读者们查阅乐园创始人华特·迪士尼的相关资料并帮他制作一张名片。你能根据自己查到的知识将华特的名片补充完整吗？

姓名：华特·迪士尼（＿＿＿＿＿＿＿＿＿＿）

身份：＿＿＿＿＿＿＿＿＿＿公司（The Walt Disney Company）的创始人

最好的伙伴：米老鼠（＿＿＿＿＿＿＿＿＿＿）

获得奖项：艾美奖（Emmy Awards）、奥斯卡金像奖（Academy Awards）

建造的主题公园：＿＿＿＿＿＿＿＿＿＿

The Wonderful World of DISNEY

迪士尼的童话王国
Disney's Kingdom of Fairy Tales

（答案见第 112 页）

华特·迪士尼于 1923 年与其兄长创立了迪士尼公司，迪士尼公司自成立以来，推出了《睡美人》《101 忠狗》等多部动画影片，给孩子们打造了一个绚丽的童话世界。对于迪士尼的电影，你都了解吗？快来试试吧！

片名

Frozen

主要角色（写2个）
安娜（Anna）

片名
《狮子王》

主要角色（写2个）
辛巴（Simba）

 练习 Exercise

内部景点
Inner Attractions

（答案见第 112 页）

让我们一起来认识一下迪士尼乐园中的著名景点，你知道下列图片都是哪些地方吗？假如你和小伙伴们正在迪士尼游玩，找一找里面是否有下列建筑，如果有，请圈出来，看看谁找到的建筑最多。

迪士尼乐园
Disneyland Park

（答案见第 112 页）

你买了一份迪士尼乐园的平面示意图，但这份示意图出现了印刷缺失，请根据景点的中英文名，将地图上的景点与对应的简介连线。

米老鼠卡通城
卡通城是米老鼠和他的小·伙伴们的家园，在这里你可以要到它们的签名哦。

边域世界
乘坐这里的"霹雳过山车"（Big Thunder Mountain Railroad）时你可看到巨石滚滚而来的山崩奇景。

明日世界
以宇宙与未来城市为展览主题，明日世界有空中穿梭的火箭、太空轨道车等设施，能让你亲身感受时空之旅。

动物王国

在这里，除了可以看到影片中的动物角色，你还可乘坐原木小·船从瀑布垂直冲下·飞溅山 (Splash Mountain)。

美国大街

仿造 100 多年前的美国景观而建，美国大街是乐园中拥有最多服务设施、商店和餐饮的区域。

新奥尔良广场

仿造深受法国殖民文化影响的新奥尔良市而建，新奥尔良广场最负盛名的就是它的法式露天咖啡座。

幻想世界

你可以在睡美人城堡中找到美丽的白雪公主，还可体验包括·小·小·世界（It's a Small World）在内的多个游乐项目。

探险世界

这个名为"印第安纳琼斯探险"（Indiana Jones Adventure）的游乐区取材于《夺宝奇兵》电影，展现了丛林野地的探险历程。

迪士尼加州探险乐园
Disney California Adventure

（答案见第112页）

米奇和米妮迷路了，小伙伴们，请帮它们找到各自对应的主题区，再通过它们气球上的字母确定主题区的名字（填英文名哦）。

2 主题区：＿＿＿＿＿＿

1 主题区：＿＿＿＿＿＿

3 主题区：＿＿＿＿＿＿

根据迪士尼影片《虫虫危机》改编的虫虫天地（A Bug's Land）让小·伙伴们仿佛置身于昆虫的世界当中，从虫子的视角看世界。

灰熊山峰（Grizzly Peak）能让小·伙伴们体验仅在遥远山脉中才有的滑水道和溜索等刺激的冒险活动。

天堂码头（Paradise Pier）是一座具有二十世纪初风格的海滨游乐场。在这不仅可以体验刺激惊险的加州惊魂过山车，还可乘坐带有米奇笑脸的太阳摩天轮。

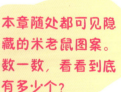
本章随处都可见隐藏的米老鼠图案。数一数，看看到底有多少个？

好莱坞环球影城
Universal Studios Hollywood

好莱坞环球影城位于洛杉矶市区西北郊，占地约170万平方米。它是世界上仍然在使用的好莱坞电影制片厂之一，也是世界上首座功能齐全的环球影城主题公园。影城分为上园区、下园区和影城之旅三个部分，内部汇集了众多刺激有趣的娱乐设施，上演着精彩的表演秀。在这里，不仅可以参观电影的制作过程，回顾经典影片片断，走入电影，还可以尽情地享受与好莱坞经典影片有关的五花八门的游乐设施。

影城怎么天天发"地震"？

环球影片公司曾拍摄过一部由1971年南加州西尔马市大地震事件改编的同名电影，影片一经上映便大受欢迎。当时环球影城的经营者为迎合游客的喜好，决定在影城内再现大地震时的相关景象。于是他们推出了"大地震"体验项目：当25万加仑的水从200英尺高的水库中喷流而下时，周围的道具小汽车、街道以及游客乘坐的游览车犹如置身于8.3级的大地震中，刺激而惊险！

In 1988, Universal added its third iconic[1] Studio Tour[2] attraction[3], Earthquake: The Big One[4].

1. iconic /aɪˈkɒnɪk/ *adj.* 标志性的   2. Studio Tour 影城之旅（环球影城内的游乐项目）
3. attraction /əˈtrækʃn/ *n.* 吸引人的事物，游乐项目，游乐设施
4. Earthquake: The Big One "大地震"体验项目

开着飞机在舞台上演戏

环球影城内上演着许多精彩的表演秀，其中最惊险刺激的要数"水世界"。"水世界"实景表演是以1995年的经典大片《未来水世界》为模板开发的，其内容包括精彩的水上大战和喷气船滑水表演，压轴好戏则是飞机冲出来时的爆炸和烟火效果。为了将紧张激烈的动作影片搬到观众面前，演员会不时用水枪"攻击"观众，让大家全身心地融入到"影片"中去。

The Upper Lot[1] is home to all of the park's shows including the Animal Actors Show[2], the Special Effects Stage[3], Waterworld: A Live Sea War Spectacular[4] and so on.

1. the Upper Lot 上园区（影城内两大游逛区之一）
2. the Animal Actors Show 动物演员秀（娱乐项目）
3. the Special Effects Stage 特效舞台（娱乐项目）
4. A Live Sea War Spectacular 水上大战（娱乐项目）

变形金刚和恐龙怎么凑到一起了？

如今环球影城中复制了不少好莱坞经典电影的场景，深受影迷们的喜爱。其中最火爆的还是要数侏罗纪公园了，园区内各种形态生动的恐龙、危险奇异的侏罗纪丛林，以及游船从高空俯冲入水的刺激景象，都让人兴奋不已。同时变形金刚和史莱克4D影院也是人们争相前往的地方，在那里人们可以真正地走入电影的世界中，体验全方位立体效果的震撼感。

As of March 2015, Universal Studios Hollywood contains[1] 7 rides[2], 4 shows, 2 play areas and a retrospective[3] museum.

1. contain /kən'teɪn/ vt. 含有，包含   2. ride /raɪd/ n. 供乘骑的游乐设施
3. retrospective /ˌretrə'spektɪv/ adj. 怀旧的，回顾的

影城原先是个养鸡场?

环球影城位于洛杉矶市区西北郊环球影片公司制作基地，是世界上规模最大的围绕电影拍摄场景建立的主题娱乐公园。环球影片公司又称环球影业，是好莱坞八大电影公司之一，由卡尔·拉姆勒创立。当时，卡尔将自己在好莱坞附近买下的养鸡农场改建成了环球影业的电影制片工厂。1962年，环球影业被美国音乐公司接手。

Universal Studios[1] founder[2] Carl Laemmle opened the Universal City ranch[3] on March 15, 1915, offering visitors the chance to walk around his outdoor[4] movie studio[5].

1. Universal Studios 环球影城（美国好莱坞著名制片厂和主题乐园）
2. founder /ˈfaʊndə(r)/ n. 创建人
3. ranch /rɑːntʃ/ n. 大牧场
4. outdoor /ˈaʊtdɔː(r)/ adj. 户外的，露天的
5. movie studio 电影制片厂

制片厂怎么成公园了?

　　美国音乐公司接手环球影业后，当时公司的会计师建议通过在制片厂增加一些游览设施来获得利润。此举吸引了许多游客，于是越来越多的娱乐项目在环球影城内兴建，最初的电影制片厂也逐渐演变成现在的主题公园。如今的影城内，游客仍可乘坐有导游讲解的游园车穿梭在影片的外景拍摄场地间。但曾经令影迷们向往的影片拍片过程已经被摄影棚表演、特技示范和高科技游乐设施取代了。

Shortly after Music Corporation of America¹ took over² Universal Pictures³ in 1962, accountants⁴ suggested a new tour in the studio would increase profits⁵.

1. Music Corporation of America 美国音乐公司　　2. take over 接管
3. Universal Pictures 环球影业　　4. accountant /ə'kaʊntənt/ *n.* 会计师
5. profit /'prɒfɪt/ *n.* 利润（常用复数）

惊心动魄的一场大火！

环球影城外景拍摄场地发生过9次火灾，最严重的一场发生在2008年。当天外景区的焊接工人工作时产生的火花引发了熊熊大火，导致影城的电影储存库以及金刚游乐设施、部分法院广场等建筑被烧毁。各地消防部门出动516余名消防员及两架直升机洒水救灾。但由于消防车的水压不足，经过长达12小时的抢救，消防队员才将大火扑灭。

Universal Studios Hollywood's back lot[1] has been damaged[2] by fire nine times throughout[3] its history.

1. back lot 露天片场
2. damage /'dæmɪdʒ/ vt. 破坏，毁坏
3. throughout /θru:'aʊt/ prep. 自始至终，贯穿

环球影城布局
Layout of the Universal Studios

来到环球影城，影城内的工作人员给你发了一张中文版导览地图，快来一起熟悉一下吧！

木乃伊复仇过山车
Revenge of the Mummy:
Enclosed roller coaster

这款室内黑暗过山车能让你进入神秘的金字塔亲历探险，内有自动拍摄系统，可记录下你的惊险一刻。

侏罗纪公园激流勇进
Jurassic Park: The Ride
Shoot the Chute

在这里，你可以体验逃离恐龙扑杀而从高处垂直俯冲入水的恐怖经历。

①影城大门 Front Gate
②环球恐怖鬼屋 House of Horrors
③环球广场 Universal Plaza

辛普森虚拟过山车
The Simpsons Ride: Motion Simulator
该过山车配备了最新的数码投影仪与巨型球幕。乘坐时，你能体验动画片《辛普森一家》中的精彩场景。

⑤

⑥

怪物史瑞克
4D 动感电影
Shrek 4-D
在特效和怪物视觉眼镜的配合下，你可以体验《怪物史瑞克》动画中的各种奇妙场景。

水世界之水上大战
Waterworld:
A Live Sea War Spectacular
进入水世界，你可以观赏到世界上制作最精美的现场水上特技表演和爆破表演。

④环球影城动物演员 Universal's Animal Actors
⑤特效舞台 Special Effects Stage
⑥影城之旅 Studio Tour

环球影城布局
Layout of the Universal Studios

（答案见第 113 页）

请根据导览地图，回答下面的问题。

1

现在你在环球影城门口。

沿着街道直走。

在左手边第二个路口左转。

直走，经过环球影城动物演员，你会到达_____。
（填建筑英文）

2

现在你在影城门口，你要去侏罗纪公园（Jurassic Park），画出一条途经环球广场（Universal Plaza）的路线。（一条即可）

3

整个地图中间的黄色区域看起来像什么？（可自由想象）

脚丫子、_____、_____、

_____、_____等

参观完好莱坞环球影城，美女导游提出了一个问题。聪明的你能否一秒作答呢？

请问，这三部影片哪部不是好莱坞电影公司的作品？

A
《变形金刚》
Transformers

THEIR WAR. OUR WORLD.
TRANSFORMERS

B
《大白鲨》
Jaws

C
《哆啦A梦：伴我同行》
Stand By Me Doraemon

练习 经典动画角色
Costumed Characters

（答案见第 113 页）

环球影城公园内有许多由真人扮演的好莱坞动画角色，以下几个形象大受小朋友们的喜爱。请将它们与其出自的电影名配对，并发挥想象力给他们上色。

A Despicable Me
《卑鄙的我》

B Shrek
《怪物史瑞克》

C SpongeBob SquarePants
《海绵宝宝》

Chapter 3

好莱坞星光大道
Hollywood Walk of Fame

好莱坞星光大道位于加利福尼亚州的好莱坞，长 3.5 英里，1978 年被洛杉矶认定为一项文化历史地标。星光大道上有 2000 多颗镶有名人姓名的星形奖章，用以纪念在娱乐产业领域做出杰出贡献的人。星光大道一直以来都被认为是洛杉矶的必游之地，这里不光有名人的星星，街道两侧还有著名的杜莎夫人蜡像馆、TCL 中国剧院、奥斯卡举办地杜比剧院以及汇聚一切好莱坞商品的商店，每年都吸引上百万的游客前往。

环状标志

都有什么深意？

　　好莱坞星光大道位于加州好莱坞，大道上印着2500多枚用五尖水磨石和黄铜铸成的"星星"。每一颗星星上都雕刻着受奖者的名字，名字下的环状标志表示其做出贡献的领域。标志共分五种，代表五种不同的领域，分别是电影摄影机（对电影产业有贡献）、电视机（对电视产业有贡献）、留声机唱片（对唱片产业有贡献）、广播麦克风（对广播产业有贡献）和悲喜剧面具（对现场戏剧有贡献）。

The Hollywood Walk of Fame is the sidewalks[1] along 15 blocks[2] of Hollywood Boulevard[3] and 3 blocks of Vine Street[4] in Hollywood, California.

---

1. sidewalk /ˈsaɪdwɔːk/ n. 人行道　　　　2. block /blɒk/ n. 街区
3. Hollywood Boulevard 好莱坞大道　　　4. Vine Street 藤街

星光大道上还有一些特殊的星星，譬如"环状星"、刻有虚构角色以及企业名字的五角星。"环状星"是用来纪念阿波罗 11 号登月成功这一重大历史事件的。而拥有星星的虚构角色包括兔八哥、米老鼠、唐老鸭、白雪公主等。第一个被星光大道授予星星奖章的公司是迪士尼公司，该公司于 2005 年获得这个奖章，当时正值加州迪士尼乐园成立 50 周年之际。

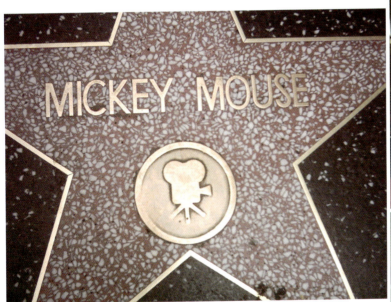

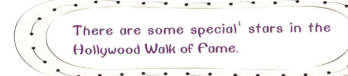

There are some special[1] stars in the Hollywood Walk of Fame.

1. special /ˈspeʃl/ adj. 特别的，特殊的

拳王也来凑热闹？

　　星光大道上的大部分"星星"是对那些在娱乐产业方面有杰出成就人士的永恒纪念。"星星"上记载着演员、音乐家、导演等不同人物的名字。虽然拳王阿里不是娱乐界的人物，但因其在拳击比赛中的精彩表现，很多人认为应该在星光大道上给阿里留一个闪耀的位置，因此阿里成为第一个在星光大道留下印记的非演员出身的明星。

The stars are permanent[1] public monuments[2] to achievement[3] in the entertainment[4] industry.

1. permanent /'pɜːmənənt/ *adj.* 永久的
2. monument /'mɒnjumənt/ *n.* 纪念碑，典范
3. achievement /ə'tʃiːvmənt/ *n.* 成就
4. entertainment /ˌentə'teɪnmənt/ *n.* 娱乐

"星光大盗" 惊现星光大道！

星光大道的"星星"并不一定是永久的、安全的，有时也可能会被盗窃、破坏。2000 年，有两位名人的星标印记先后被偷，最后在一位建筑工人家中被找到。最猖狂的盗窃发生在 2005 年，小偷用锯子将明星格利高里·派克的星标印记硬生生地给锯了下来，直到现在，被盗的星星和犯罪者都没有找到。

The stars in the Walk of Fame also suffer from[1] theft[2] and vandalism[3].

1. suffer from 遭受
2. theft /θeft/ *n.* 盗窃，偷
3. vandalism /'vændəlɪzəm/ *n.* 故意破坏

中国剧院最出名的是什么？

中国剧院位于好莱坞星光大道，是由美国剧院之王希德·格劳曼先生所建的。中国剧院最吸引人的地方莫过于戏院前庭那些明星留下的手印、足印和亲笔签名。这一传统据说始于1927年，当时格劳曼监督剧院的建造工程时，不小心踩进了剧院外还未干的水泥中，在水泥地上留下了脚印。这给了格劳曼灵感，他决定让电影明星们在剧院入口处门前的水泥地上留下他们的印记。

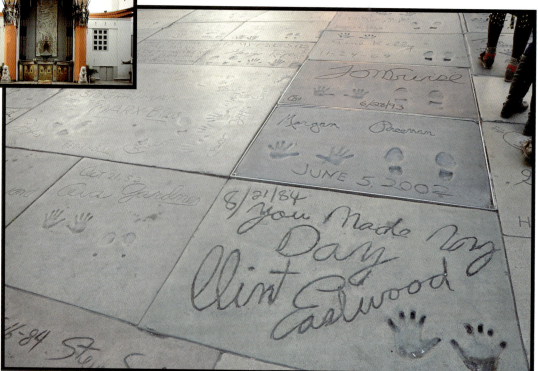

There are nearly 200 Hollywood celebrity[1] handprints[2], footprints[3], and autographs[4] in the concrete[5] of the theatre's forecourt[6].

1. celebrity /səˈlebrəti/ *n.* 名人
2. handprint /ˈhændprɪnt/ *n.* 手印
3. footprint /ˈfʊtprɪnt/ *n.* 脚印，足迹
4. autograph /ˈɔːtəɡrɑːf/ *n.* 亲笔签名
5. concrete /ˈkɒnkriːt/ *n.* 混凝土
6. forecourt /ˈfɔːkɔːt/ *n.* 前院

又一个了不起的剧院！

　　杜比剧院与中国剧院相邻，是一座观看现场表演的礼堂。自2002年起，众所周知的奥斯卡奖就一直在杜比剧院颁发，杜比剧院也因此成为奥斯卡的第一个固定举办地。奥斯卡奖也称作学院奖，旨在鼓励优秀电影的创作与发展，每年的颁奖典礼在100多个国家进行电视直播。奥斯卡奖的奖杯正是人们俗称的"奥斯卡小金人"，获得奥斯卡小金人意味着得到世界影迷和观众的认可。

The Dolby Theatre[1] is a live-performance[2] auditorium[3] on Hollywood Boulevard and North Highland Avenue[4].

1. Dolby Theatre 杜比剧院
2. live-performance 实况演出
3. auditorium /ˌɔːdɪˈtɔːriəm/ n. 礼堂，会堂
4. North Highland Avenue 好莱坞北高地大街（大道）

领域
Categories

（答案见第 114 页）

　　星光大道上有很多五角星，每颗星上有着不同的图标，代表着不同的领域，而且每个领域所占比例也不尽相同。请将每个领域的说明文字与其对应图标进行配对。

1. 该图标代表受奖者在广播电视领域有卓越贡献。
2. 该图标代表受奖者在无线电台领域有卓越贡献。
3. 该图标代表受奖者在电影领域有卓越贡献。
4. 该图标代表受奖者在录音及音乐领域有卓越贡献。
5. 该图标代表受奖者在戏剧和现场表演领域有卓越贡献。

"无线电麦克风"图标（　）

"悲喜剧面具"图标（　）

"留声机"图标（　）

"电视机"图标（　）

"电影摄影机"图标（　）

假设你是好莱坞星光大道的小评委，需要为以下五位明星颁发星星奖章。每个人的奖章上应该印上什么图标呢？请结合前一页的练习以及五位明星的简介，在各自图像旁边的圆圈中画出他们对应的星星图标吧！

迈克尔·杰克逊（Michael Jackson），美国歌手、词曲创作人，曾获 13 次格莱美奖和 26 次全美音乐奖。

吉姆·帕森斯（Jim Parsons），凭借美国情景喜剧《生活大爆炸》，4 次获得艾美奖最佳男主角奖。

帕特里克·斯图尔特（Patrick Stewart），皇家莎士比亚戏剧公司演员，曾获伦敦戏剧奖最佳男演员头衔。

成龙（Jackie Chan），国际功夫巨星，凭功夫片成功打入好莱坞。曾获金马奖最佳男主角、亚太影展"杰出电影成就奖"。

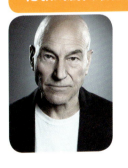

凯西·格森（Casey Kasem），美国著名电台主持人。此外还为《史酷比》《变形金刚》等电影做过配音。

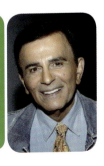

特殊的星星
Special Stars

（答案见第 114 页）

星光大道上除了有刻着明星名字的粉红色五角星外，还有一些特殊的星星。运用平常的积累以及学到的知识，完成下面的问题吧。

1 星光大道上有一颗特殊的环状星，用来纪念_____太空飞船上的宇航员完成了人类首次登月行动。

A. 阿波罗 11 号

B. 阿波罗 12 号

C. 阿波罗 13 号

2 下列哪一幅图中的星星不是为虚拟角色而设立的？ _____

A　　B　　C　　D

3 迪士尼乐园是首个在好莱坞星光大道上留下星标印记的团体。请问，第一家迪士尼乐园设立在哪里？

A. 香港　　　B. 广州

C. 欧洲　　　D. 加州

奥斯卡奖
Oscars

　　奥斯卡奖又称奥斯卡金像奖。半个多世纪以来一直享有盛誉。杜比剧院于 2001 年建成，从 2002 年开始直至 2033 年都将作为奥斯卡奖颁奖典礼的举办地。请根据你对奥斯卡奖的了解，回答下列问题。

1 奥斯卡奖是美国一项表彰 _____ 领域成就的大奖。
　　A. 戏剧　　　　　B. 音乐及录音　　　　　C. 电影

2 下列哪个是奥斯卡奖的奖杯？ _____

 A

 B

 C

3 下列哪位曾获得过奥斯卡奖？

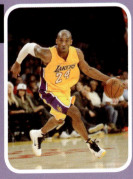 A

 B

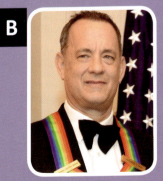 B

今日感悟
What I Learn Today

令你印象最深刻
的是什么?
What
impress you most?

你学到了什么?
What
do you learn?

你有其他想对你的
父母、老师或者朋
友说的话吗?
Do you have
any other words
you want to say to
your parents
/teachers /friends?

签名:
Signature:

加州大学洛杉矶分校
University of California, Los Angeles

加州大学洛杉矶分校（UCLA），位于洛杉矶市西木区，是一所公立研究型大学。UCLA 于 1919 年加入加利福尼亚大学联盟，在美国公立大学中排名第二，常年稳坐泰晤士世界大学排行榜前 15 名，在 2015 年 USNEWS 世界大学排名中更是位列第 8。UCLA 是美国开设专业最多的大学，其中 40 个学科专业名列全美前 10 名。此外 UCLA 还培养了众多知名校友，包括 10 多位诺贝尔奖得主，以及希尔顿、三得利集团的 CEO 等。因其居高不下的学术成就，UCLA 一直是全美高中生最梦寐以求的顶尖牛校之一。

校园里面

居然养棕熊?

在美国,每一所大学都有一个自己的吉祥物。UCLA 在最开始的时候养了几头可爱的棕熊,作为学校的吉祥物。那个时候,学生还能在一些庆典场合看到他们的大熊。1926 年,UCLA 运动代表队加入了太平洋海岸联盟。随后,UCLA 的学生们就使用了伯克利分校学生会为他们取的代称——"棕熊"作为校运动队的队名,以表示 UCLA 在美国高校体育联盟中无可撼动的霸主地位和为人称道的体育传统。

After the athletic[1] teams entered the Pacific Coast Conference[2] in 1926, the Southern Branch student council[3] adopted[4] the nickname[5] "Bruins", a name offered by the student council at UC Berkeley.

1. athletic /æθ'letɪk/ *adj.* 运动的
2. Pacific Coast Conference 太平洋海岸联盟(美国西海岸的体育高校联盟)
3. student council 学生会
4. adopt /ə'dɒpt/ *vt.* 采用,接受
5. nickname /'nɪkneɪm/ *n.* 绰号

UCLA 吉祥物遭恶搞?

在洛杉矶，还有一所著名的高校——南加州大学，它在学术科研与体育运动方面与 UCLA 不相上下。当两个学校的体育队碰到一起时，就会"水火不容"。在每年的橄榄球对抗赛上，两校除了在球场上竞技外，战火也蔓延到了校园里。赛前一周，两校都会想办法恶搞对方的吉祥物。UCLA 的吉祥物棕熊铜像就曾被泼过油漆。为避免这类事件再次发生，UCLA 的学生在赛前会将铜像保护起来，直至比赛正式开始。

The UCLA - USC rivalry[1] refers to the American collegiate[2] athletics[3] rivalry between the UCLA Bruins sports teams[4] and USC Trojans sports teams[5].

1. rivalry /ˈraɪvlri/ n. 竞争，对抗
2. collegiate /kəˈliːdʒiət/ adj. 大学的
3. athletics /æθˈletɪks/ n. 竞技，体育运动
4. UCLA Bruins sports teams 加州大学洛杉矶分校棕熊队
5. USC Trojans sports teams 南加州大学特洛伊队

UCLA 篮球主教练不是一般人？

　　UCLA 男子篮球队是美国大学男子篮球联盟中最著名的球队之一。提起 UCLA 篮球的光辉历史，让人不得不提的就是前 UCLA 主教练约翰·伍登。在伍登到学校之前，篮球项目在 UCLA 沉寂了数十年，不为人们所关注。而他到来后，UCLA 篮球队的获胜率高达 82.5%，创造了数不胜数的纪录。他本人也因此载誉满满，在伍登百年诞辰当天，UCLA 将 10 月 14 日命名为"伍登日"。以此来纪念他为 UCLA 作出的突出贡献。

In the 1948—1949 season[1], John Wooden was hired[2] as the fourth basketball coach[3] in UCLA history.

1. season /'si:zn/ *n.* 赛季，季节

2. hire /'haɪə(r)/ *vt.* 雇用

3. coach /kəʊtʃ/ *n.* 教练

NBA 里也有伍登的徒弟？

　　伍登引领了UCLA篮球的传奇，也培养了不少精兵悍将，其中最知名的便是卡里姆·贾巴尔，美国NBA最伟大的球员之一。自1967年进入UCLA后，贾巴尔就展现了他惊人的天赋。入校第一年，他就在一次练习赛中带领新生队击败了高年级学生队，并因此获得了恩师伍登的青睐，师徒二人联手开启了UCLA辉煌的篮球历史。因其擅长勾手投篮，人送外号"天勾"，勾手也成了他的必杀技。

From 1967—1969, Jabbar played under coach John Wooden, contributing to[1] the team's three-year record[2] of 88 wins and only 2 losses.

1. contribute to 有助于，促成　　2. record /'rekɔːd/ n. 记录

UCLA 教授简直逆天了！

　　陶哲轩是一名华裔数学家，出生于澳大利亚。他不仅长得一表人才，而且智商高达 220，被公认为是现存世界上最聪明的青年才俊。24 岁时，陶哲轩被 UCLA 聘为正教授，任教于数学系，成为 UCLA 历史上最年轻的正教授。在 2006 年的国际数学家大会上，他被授予菲尔兹奖（国际数学界的最高奖项），是获此荣誉的第二位华人。

When Terence Tao was 24, he was promoted[1] to full professor[2] at UCLA and remains the youngest person ever appointed[3] to that rank[4] by the institution[5].

1. promote /prəˈməut/ vt. 提升
2. professor /prəˈfesə(r)/ n. 教授
3. appoint /əˈpɔint/ vt. 任命
4. rank /ræŋk/ n. 等级
5. institution /ˌɪnstɪˈtjuːʃn/ n. 机构

44

UCLA 建校历史竟如此曲折！

　　加州大学洛杉矶分校的前身为一所位于洛杉矶市区的师范学校，是响应当时洛杉矶市民的强烈要求而建立的，专门为加州南部地区培养合格的教师。1917年该师范学院的校长建议将其改造成加州大学的第二座校园，这个想法在两年后得以实现——加州立法机关通过了将这所师范学校改为"加州大学南部分校"的法令。1927年，加州大学的校董又经过几次讨论修改，将校名最终定为"加州大学洛杉矶分校"，简称UCLA。

On May 23, 1919, the Southern Californians' efforts were rewarded[1] when the Los Angeles State Normal School[2] was transformed[3] into the Southern Branch of the University of California[4].

1. reward /rɪ'wɔːd/ *vt.* 奖励，奖赏
2. Los Angeles State Normal School 洛杉矶州立师范学校
3. transform /træns'fɔːm/ *vt.* 改变，转换
4. Southern Branch of the University of California 加州大学南部分校

Exercise 练习 历史 History

（答案见第 114 页）

UCLA 成立于 1919 年，历史悠久，是美国申请人数最多的大学。你能根据对该校的了解，补全下面的时间轴吗？

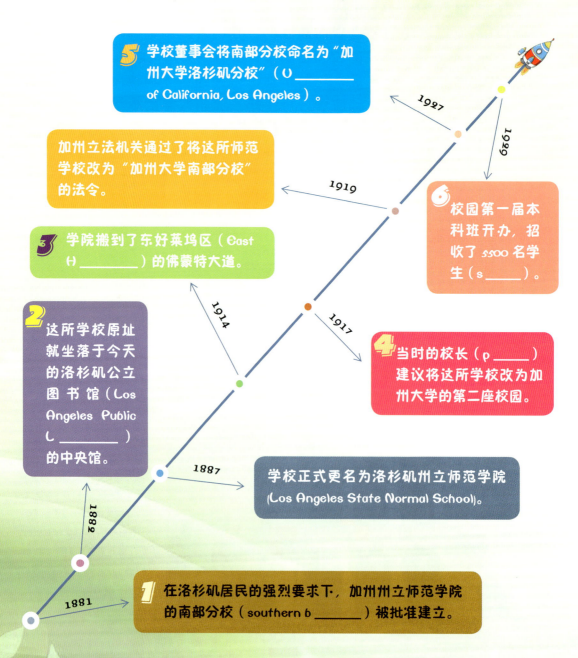

5 学校董事会将南部分校命名为"加州大学洛杉矶分校"（U_____ of California, Los Angeles）。

加州立法机关通过了将这所师范学校改为"加州大学南部分校"的法令。

3 学院搬到了东好莱坞区（East H_____）的佛蒙特大道。

2 这所学校原址就坐落于今天的洛杉矶公立图书馆（Los Angeles Public L_____）的中央馆。

6 校园第一届本科班开办，招收了 5500 名学生（s____）。

4 当时的校长（p____）建议将这所学校改为加州大学的第二座校园。

学校正式更名为洛杉矶州立师范学院（Los Angeles State Normal School）。

1 在洛杉矶居民的强烈要求下，加州州立师范学院的南部分校（southern b_____）被批准建立。

1927
1919
1929
1914
1917
1887
1882
1881

名人
Celebrities

（答案见第 114 页）

为了吸引更多优秀的人才，UCLA 的宣传部准备整理一份学校的名人手册，上面有该校一些著名校友的信息，你能帮助他们将这张表格填写完整吗？

Louis J. Ignarro

Terence Chi-Shen Tao

John Wooden

Judy May Chu

人物 （Person）	图片 （Picture）	身份 （Identity）	职业领域 （Career Areas）	成就 （Achievements）
路易斯·J·伊格纳罗	A	UCLA 药理学教授		1998 年获诺贝尔_____奖
陶哲轩			学术界	获得了国际数学界的最高奖项_____奖
赵美心	D	美国联邦众议员		第一位华裔女性国会议员
约翰·伍登			体育界	荣获美国总统自由勋章——美国公民的最高荣誉勋章

著名的原因
Reasons for Being Famous

（答案见第114页）

UCLA 著名的原因很多，其中包括它拥有800万册以上藏书的图书馆和获奖连连的体育团体。请根据你所掌握的知识回答下列问题吧！

UCLA 的鲍威尔图书馆（Powell Library）是一栋红白砖相间的建筑，藏书820多万册，在整个美国国家图书馆中排名第10位。请问下列哪一栋建筑是鲍威尔图书馆？

UCLA 体育队又名棕熊队，是美国大学生体育协会（NCAA）的一员，截止至2006年荣获 NCAA 联赛冠军99次，位居美国大学榜首。棕熊队的橄榄球主场是"玫瑰碗球场（Rose Bowl）"，可容纳九万多人。你知道下列哪个场馆是玫瑰碗球场吗？

Chapter 5

加州乐高乐园
Legoland California Resort

　　加州乐高积木乐园位于加州圣地亚哥的卡尔斯巴德，于1999年开园，是世界上第三座乐高积木乐园。乐园里几乎所有的景致都是用乐高积木搭建而成的，所建的动物、街景、人物和动画故事，很多都应用了高科技技术，不但活动自如，还能发出声响、喷水喷火，十分逼真。乐高乐园不仅给儿童们提供了玩耍的场所，让他们可以自由地拆卸和堆砌积木，还让他们在玩耍的过程中激发了创造力和想象力，是名副其实的儿童天堂。

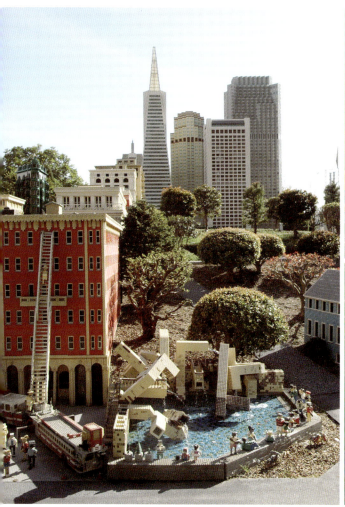

用积木

可以搭建一个美国？

　　美国迷你乐园位于园区中心，这里没有令人刺激尖叫的骑行项目，却有着大名鼎鼎的景观区"缩小版美国"。这是乐高乐园里最受欢迎的景点，它以 1：20 的比例用 2,000 万块乐高积木搭造了华盛顿、旧金山和纽约等七个城市的特色建筑和人物。每一栋建筑，每一个特写，每一个人物，远看，近观，都几乎可以以假乱真。有些人物甚至还可走动，并发出声音，着实令人叹服。

Miniland USA includes[1] reproductions[2] of seven areas of the United States, all constructed[3] with 20 million LEGO bricks[4] in 1:20 scale[5].

1. include /ɪnˈkluːd/ vt. 包含
2. reproduction /ˌriːprəˈdʌkʃn/ n. 复制品
3. construct /kənˈstrʌkt/ vt. 建造
4. brick /brɪk/ n. 积木，砖
5. scale /skeɪl/ n. 比例

乐园里的狮子会说话？

乐高乐园里的赤马水上乐园是依照卡通节目《赤马传奇》建造的。节目里的狮子、鳄鱼等会说话的动物角色都出现在这里，为水上乐园增添了生趣。在水上乐园的波浪池里，游客可以穿上游泳衣，感受从水池上方的乐高狮子拱门泼洒下来的水浪。池里还有许多玩具，包括高压水炮和巨大的水枪，让人们可以尽情地在这里打水仗。

The LEGO Legends[1] of Chima Water Park is based on the LEGO Group's newest[2] hit[3] product Legends of Chima[4].

1. legend /'ledʒənd/ n. 传奇　　2. new /njuː/ adj. 新的，新鲜的（最高级：newest 最新的）
3. hit /hɪt/ n. 成功而轰动（或风行）一时的事物（如唱片、电影或戏剧等）
4. Legends of Chima 《赤马传奇》（著名玩具厂商乐高公司推出的一部动画系列。）

酒店居然提供这种服务！

乐园里的乐高酒店是全球第三家乐高乐园酒店，于 2013 年开业。酒店的每个房间都有独特的主题——海盗、王国或冒险。在房间内还可以玩寻宝游戏。整座乐高乐园酒店用 300 多万块乐高积木搭造出了 3500 个形态各异的"雕塑"作品，包含各种人物角色、动物、食品、配件和你几乎能想象到的所有事物。更棒的是，每间客房都为小朋友们准备了乐高积木玩具，让他们尽情地发挥想象力，搭建心目中的"完美作品"。

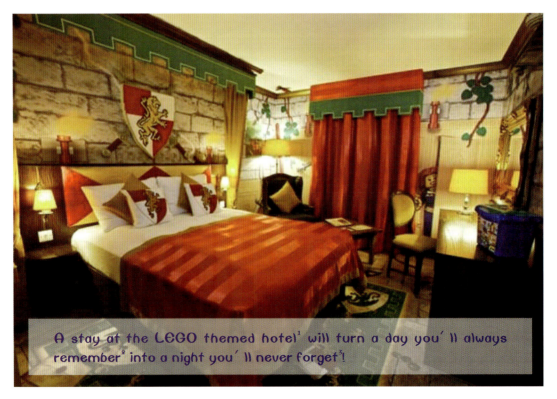

A stay at the LEGO themed hotel[1] will turn a day you'll always remember[2] into a night you'll never forget[3]!

---

1. themed hotel 主题酒店，主题饭店　　2. remember /rɪ'membə(r)/ vt. 记住
3. forget /fə'get/ vt. 忘记

乐高积木是这样走红的？

　　《乐高大电影》是一部美国 2014 年的 3D 动画电影，影片的人物形象来自乐高玩具。《乐高大电影》上映后，受到了许多小朋友们的喜爱。这让加州乐高乐园看到了商机，于是管理者在乐园内新增了互动景点——《乐高大电影》体验，让小孩子们参观电影制作的幕后。他们可以在电影的摄影棚看到他们最喜欢的英雄角色，包括超人、神奇女侠、绿灯侠、忍者神龟、蝙蝠侠等。

The Lego Movie Experience[1] lets you get a behind the scenes[2] look at the making of the film[3] The Lego Movie.

1. The Lego Movie Experience 《乐高大电影》体验
2. behind the scenes 在幕后　　　　　　3. film /fɪlm/ n. 电影

有人在乐园里"搞破坏"？

　　加州乐高乐园位于圣地亚哥的卡尔斯巴德，离洛杉矶 100 公里左右，车程约 1 小时，它是世界第三座乐高积木乐园。加州乐高乐园目前包括原始乐园、乐高主题水族馆、CHIMA 主题水上乐园和乐高酒店。乐园里的建筑大部分都是由乐高积木搭建而成的。园内共有 50 多个游玩项目，主要针对 2 岁—12 岁的孩子。他们可以在用积木建成的游乐设施中拥挤、拉、踏、堆砌和攀爬，用各种方法来满足他们的创造欲和"破坏欲"。

Legoland California Resort currently[1] encompasses[2] the original[3] park (1999), a Lego-themed Sea Life Aquarium[4] (2008), a CHIMA-themed water park (2010) and a hotel (2013).

1. currently /ˈkʌrəntli/ *adv.* 当前　　　　2. encompass /ɪnˈkʌmpəs/ *vt.* 包含
3. original /əˈrɪdʒənl/ *adj.* 原始的　　　　4. Lego-themed Sea Life Aquarium 乐高主题水族馆

乐高品牌创建者是个木匠？

　　乐高积木的发明者是奥勒·基奥克。他有一手精湛的木匠手艺，年轻时就热衷于制作各种小玩具，出自他手的小飞机、汽车、动物个个形态逼真，惟妙惟肖。1934年，他为自己的积木玩具注册了"乐高（LEGO）"商标。基奥克认为这个词正符合他的初衷，因为乐高在丹麦语中是"玩得快乐"的意思，在拉丁文中有"读"和"组合"的意思。

Ole Kirk Christiansen was a Danish[1] carpenter[2] and creator[3] of one of the most beloved[4] children's toy companies of all time, LEGO.

1. Danish /ˈdeɪnɪʃ/ *adj.* 丹麦的
2. carpenter /ˈkɑːpəntə(r)/ *n.* 木匠
3. creator /kriˈeɪtə(r)/ *n.* 创始人
4. beloved /bɪˈlʌvd/ *adj.* 心爱的，挚爱的

Exercise 练习

原始园区
Original Park Areas

（答案见第 115 页）

加州乐高乐园的原始园区主要包含探险岛（EXPLORE ISLAND）、趣味小镇（FUN TOWN）、城堡山（CASTLE HILL）、美国迷你乐园（MINILAND USA）等 9 个区域。小读者们能找到与文字描述的内容相符的画面吗？

城堡山真是太刺激了，里面有许多过山车项目。我最喜欢的是骑士锦标赛，坐上去便开始把人 360 度翻转到头晕眼花。

我喜欢趣味小镇，因为我可以在初级驾驶学校里驾驶电动汽车，并且可以在课程结束后拿到正式的乐高驾驶执照。

美国迷你乐园实在是太好玩了，看起来就像是缩小版的美国。在那里游玩就像是来到了小人国一样。

练习

童话·小·河
Fairy Tale Brook

（答案见第 115 页）

　　在乐园的童话小河里，小朋友们可以登上外形如一片巨大叶子的奇异小船，流经按照经典童话搭建的场景。假如你是童话小河里的小导游，现在你需要先把右边方框内的导游词填写完整，然后根据导游词给小朋友们介绍一下每幅画讲的是什么童话故事！

这一场景讲的是《睡美人》（＿＿＿＿＿＿＿）的故事，场景里的主人公是王子（＿＿＿）和 公主（princess）。在这个场景中，＿＿＿＿＿＿＿＿＿＿＿＿＿＿。

这一场景讲的是《＿＿＿＿＿》(Aladdin and the Magic Lamp) 的故事，场景里的主人公是阿拉丁（＿＿＿＿＿）和精灵（genie）。在这个场景里，阿拉丁擦拭神灯后，精灵就从神灯里面出来了。

这一场景讲的是《＿＿＿＿》(Little Red Riding Hood) 的故事，场景里的主人公是小·红帽。在这个场景里，＿＿＿＿＿＿＿＿＿＿＿＿＿＿。

《乐高大电影》
The Lego Movie

来到《乐高大电影》体验馆，小伙伴们可以尽情探索《乐高大电影》幕后的故事。下面是从电影中选取的场景与台词，小伙伴们现在试着用不同的语气来演绎每个角色的台词（可自由发挥）。赶紧来 SHOW 一下自己的演技吧！看看谁的表演最精彩！

场景：邪恶领主（Lord Business）从维特长老（Vitruvius）手中抢走了克拉格（Kragle）——世界上最强的超级武器，他想用这个武器来毁灭整个积木王国。艾米特（Emmet）无意中得到了对抗克拉格的反抗法宝，在温丝黛（Wyldstyle）和维特长老的鼓励下，艾米特决定和积木大师们一起拯救积木王国。最后，艾米特感动了邪恶领主，他销毁了克拉格，积木王国也因此得到了拯救。

邪恶领主（对维特长老说）：你把克拉格藏得很好嘛，老头子。小的们，干掉他！

比如用温柔的语气或……

比如用嘲讽的语气或……

温丝黛（对艾米特说）：实在难以置信！你简直比预言里还要厉害！

维特长老（对艾米特说）：不用管其他人在做什么，你需要发现自己与众不同的地方。

比如用胆小的语气或……

艾米特（对邪恶领主说）：你……不一定非得……当坏人。你有能力做很多神奇的事情，因为你是独一无二的。

比如用责备的语气或……

练习 Exercise

拼图
Puzzle

（答案见第115页）

在加州乐高乐园游玩之后，老师为了考验学生们的记忆能力，把在乐园里拍摄的一张图片切割成了以下几个部分，小朋友们能将这些部分摆到正确的位置吗？赶紧和身边的小伙伴一起做这个拼图游戏吧。

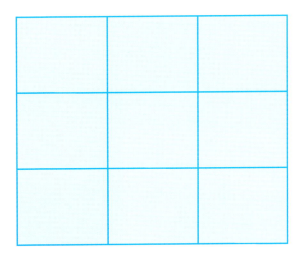

圣地亚哥海洋世界
SeaWorld San Diego

圣地亚哥海洋世界是美国最早建设的海洋公园，于 1964 年开业，以海洋动物表演、大型海洋水族馆展示以及各种游乐设施服务为主营业务。海洋公园每年都吸引了大批游客，是圣地亚哥的标志性旅游景点。在海洋公园里不仅可以欣赏各种表演，还可以和很多大型鱼类近距离接触，甚至可以触摸它们，给它们喂食。这座海洋公司还寓教于乐，让游客在欢乐的同时，还可以获得很多有关海洋世界和海洋动物的知识。

谁是真正的

SHAMU？

圣地亚哥海洋世界的王牌节目是SHAMU秀，在杀人鲸露天表演广场举行。准确来说，SHAMU是世界上第一条会表演的杀人鲸。1965年，人类捕获了SHAMU，它来到了圣地亚哥海洋公园。在那里，SHAMU学会了艺术表演。从此，它进行了无数场精湛的表演，给人们带来了欢乐。后来，它去世了，为了纪念这位会表演的海洋艺术家，之后在此登台表演的杀人鲸们都被称为SHAMU。

Shamu was the name of the first killer whale[1] brought to SeaWorld San Diego in the 1960s from the Seattle Marine Aquarium[2].

1. killer whale 杀人鲸，虎鲸　　　2. Seattle Marine Aquarium 西雅图海洋水族馆

杀人鲸表演秀到底有多可怕 ?

　　圣地亚哥海洋世界里会表演的杀人鲸（SHAMU）是海上霸王，它们体型巨大，因此其表演水域也是公园里最大的。SHAMU 在表演时，会用巨大的尾鳍向观众席"泼水"，坐在前排的观众都会受到杀人鲸的海水"洗礼"。它每一次腾空翻转，那个装有 700 万加仑水的池子便立即惊涛骇浪，溅起的水浪经常会"波及"所有观众。为了避免这场欢乐的海水浴，有些游客还会自备雨衣和雨伞。

The SHAMU show is a spectacular[1] show, and culminates[2] with a giant tidal wave[3] of water that soaks[4] the audience sitting in the front rows[5].

1. spectacular /spek'tækjələ(r)/ *adj.* 壮观的　　2. culminate /'kʌlmɪneɪt/ *vi.* 以……告终
3. tidal wave 浪潮　　4. soak /səuk/ *vt.* 使浸湿　　5. front row 前排

极地探险竟是这样？

　　海洋公园里有个极地探险馆，这是整个公园最高科技的主题馆。馆内有一个北极研究基地，在那里，你能和白鲸、北极熊还有海象来一场面对面的亲密接触。游客可以选择坐直升机或步行去该基地。如果坐直升机，游客们将有机会登上一艘模拟的喷气式直升机，体验一场震撼的飞行之旅。飞行过程中游客可以感受到真实的颠簸、跳跃和震颤。

Wild Arctic is a motion simulator[1] and film themed ride.

1. motion simulator 运动仿真器，运动模拟器

企鹅能在温暖的地方生存？

　　海洋公园的企鹅邂逅馆中有 300 多只企鹅。这些可爱的动物们在零下 4 摄氏度、白雪覆盖的栖息地里游泳或蹒跚而行，游客可以近距离观察它们。企鹅邂逅馆是世界上除南极以外成功繁殖帝企鹅（体形最大的企鹅）的基地之一。此外，海洋公园里还有习惯在暖气候条件下生活的麦哲伦企鹅（来自美国南部），它们生活在企鹅邂逅馆之外。

SeaWorld's Penguin Encounter exhibits[1] over 300 penguins[2] representing[3] seven different species[4].

1. exhibit /ɪgˈzɪbɪt/ vt. 展出，展览　　　　2. penguin /ˈpeŋgwɪn/ n. 企鹅
3. represent /ˌreprɪˈzent/ vt. 代表，表示　　4. species /ˈspiːʃiːz/ n. 种类，类别

在水中也可以坐过山车？

圣地亚哥海洋世界里不仅有各种表演和海洋生物，还有许多过山车项目，其中比较刺激的是一种水上过山车项目——亚特兰蒂斯之旅。亚特兰蒂斯之旅集过山车和激流勇进（人借助小艇等工具在激流中划行）于一身。参与的游客们会登上仅可容纳8人的希腊捕鱼船，从60英尺（约18M）的高空跌落，感受激流、投射光、烟雾及水炮等炫目的特效。

Journey to Atlantis[1] adds a third thrill ride[2] to SeaWorld San Diego, combining[3] elements[4] from a roller coaster[5] and a flume ride[6].

1. Journey to Atlantis 亚特兰蒂斯之旅（水上过山车项目）
2. thrill ride 惊险游乐项目　　　　　3. combine /kəm'baɪn/ *vt.* 使……结合
4. element /'elɪmənt/ *n.* 组成部分　　5. roller coaster 过山车
6. flume ride 激流勇进（游乐项目）

海洋公园是几个学生建的?

　　圣地亚哥海洋世界是由四个 UCLA 毕业的学生创办的，始建于 1964 年。他们最初想开办一家海洋水下餐馆，因为这个想法当时在技术上不可行，于是他们改为建造海洋公园。在投资 150 万美元后，他们建成了一座占地 22 英亩，雇用 45 名员工，包括若干只海豚、海狮和两个海洋水族馆的圣地亚哥海洋公园，建成的海洋公园在开放的第一年就接待了四十万人次的游客。

SeaWorld San Diego was founded[1] in 1964 by four graduates[2] of the University of California Los Angeles (UCLA)[3].

1. found /faʊnd/ vt. 创办，建立　　2. graduate /'grædʒuət/ n. 毕业生
3. University of California Los Angeles (UCLA) 洛杉矶加利福尼亚大学

园区
Park Areas

（答案见第 116 页）

　　圣地亚哥海洋世界内的展览馆很多，有海狮水獭露天表演广场（SEA LION AND OTTER STADIUM）、宠物露天表演广场（PETS STADIUM）、海龟礁（TURTLE REEF）、曼塔鳐鱼过山车（MANTA）等。工作人员给每个展馆都做了广告牌，你能根据广告牌找到对应场馆的图片吗？

小朋友们最喜欢的曼塔鳐鱼过山车来啦，别看我外形可爱，我的内心可是很狂野的哦。

欢迎来到海狮水獭露天表演广场，虽然海狮们长得很憨厚，模仿他人却是棒棒的。

这里是宠物露天表演广场，小宠物们不仅可爱，还擅长表演各种杂技呢。

表演
Shows

（答案见第 116 页）

假如你是海洋世界的工作人员，有游客想要去看动物表演，但是不知道这些表演都在什么馆内，你可以帮助他们找到正确的场馆吗？

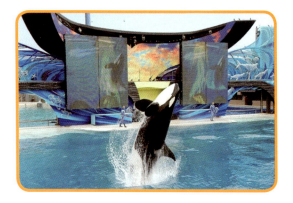

我想去看 SHAMU 秀。你能告诉我应该去哪里吗？

你应该去：
A. 企鹅邂逅馆
B. 杀人鲸露天表演广场
C. 海豚点

我想去看 dogs and cats 的表演。你能告诉我应该去哪里吗？

你应该去：
A. 海豚点
B. 宠物露天表演广场
C. 海龟礁

我想去看 sea lions 的表演。你能告诉我应该去哪里吗？

你应该去：
A. 海狮水獭露天表演广场
B. 海龟礁
C. 狂野极地

练习 Exercise

海洋动物知多少
Sea Animals

（答案见第 116 页）

海洋公园正在进行一项普测，邀请你和小伙伴们对这里的游客进行问卷调查，看看大家对海洋动物了解多少。LET'S DO IT!

问卷调查 Questionnaire	
问题（Questions）	答案（Answers）
1、杀人鲸的外观颜色看起来与什么动物相似？ What kind of animal does killer whale look like from appearance?	A、熊猫（Panda）。 B、袋鼠（Kangaroo）。
2、企鹅主要生活在哪里？ Where do penguins mainly live?	A、北极（The North Pole）。 B、南极（The South Pole）。
3、海狮是哺乳动物吗？ Are sea lions mammals?	A、是（Yes）。 B、不是（No）。
4、北极熊是食肉动物还是食草动物呢？ Are polar bears carnivores or herbivores?	A、食肉动物（Carnivores）。 B、食草动物（Herbivores）。

今日感悟
What I Learn Today

令你印象最深刻
的是什么?
What
impress you most?

你学到了什么?
What
do you learn?

你有其他想对你的
父母、老师或者朋
友说的话吗?
Do you have
any other words
you want to say to
your parents
/teachers /friends?

签名:
Signature:

Chapter 7

斯台普斯中心·
Staples Center

斯台普斯中心是全美最受欢迎的多功能体育馆之一，硕大的飞碟型体育馆由尖端科技打造，可按需求改装为篮球馆、冰球馆和演唱会场地等。它的造价高达 3.8 亿美元，能容纳近 2 万名观众。它是北美洲唯一一座同时有两支 NBA（美国职业篮球联盟）、一支 NHL（国家冰球联盟）以及一支 WNBA（国家女子篮球联盟）球队作为主场的球馆。这些球队分别是湖人队和快船队、国王队、火花队。这里除了是体育中心，还是娱乐中心，许多世界级的活动都曾在此举行。

1+1=
超级无敌?

NBA 史上有两位著名的篮球运动员，分别是沙奎尔·奥尼尔和科比·布莱恩特。奥尼尔位居 NBA 历史总得分榜第 6 位，而科比是 NBA 最好的得分手之一，位居 NBA 历史总得分榜第 3 位。1996 年二人成为湖人队队友，在斯台普斯中心连续三年获得 NBA 总冠军。其中 2001 年季后赛他们带领球队取得 15 胜 1 负的无敌表现，被誉为史上最强二人组。人们取这二人名字的首字母，将他们称作"OK 组合"。

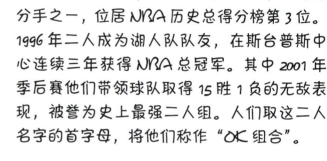

Bryant and Shaquille O'Neal led the Lakers[1] to three consecutive[2] championships[3] from 2000 to 2002 in Staples Center.

1. the Lakers 洛杉矶湖人队（NBA 职业篮球队之一）

2. consecutive /kən'sekjətɪv/ adj. 连续的　　3. championship /'tʃæmpiənʃɪp/ n. 冠军称号

球衣居然没有号码

斯台普斯中心上空悬挂着湖人队退役的传奇巨星们的球衣，但有一件球衣与众不同，上面印着的不是球员号码，而是小型麦克风。这件球衣属于一个从未上场打过球的人——湖人队的传奇解说员奇克·赫恩。在赫恩40多年的直播生涯中，他创造了"灌篮"等现代常用词，被球迷和联盟官方誉为"湖人之声"。2002年赫恩不幸去世，为纪念他，湖人为他举行了球衣退役仪式。

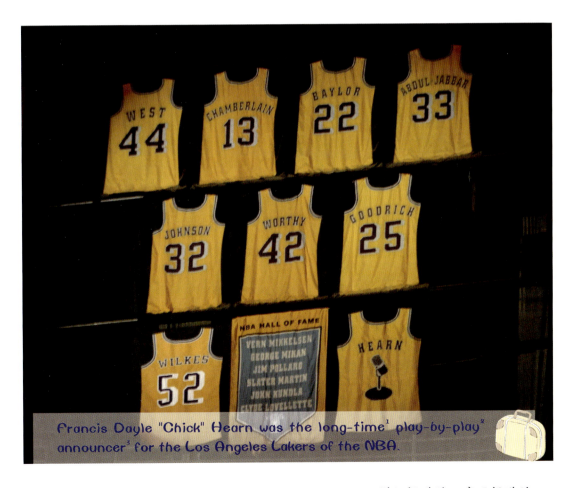

Francis Dayle "Chick" Hearn was the long-time[1] play-by-play[2] announcer[3] for the Los Angeles Lakers of the NBA.

1. long-time *adj.* 长期   2. play-by-play *adj.* 详细报道的；实况报道的
3. announcer /əˈnaʊnsə(r)/ *n.* 广播员

快船队为何遭"歧视"？

　　除了 NBA 的湖人队和 WNBA 的火花队，斯台普斯中心也是 NBA 球队"洛杉矶快船队"和国家冰球联盟球队"洛杉矶国王队"的主场。其中快船队的地位排在第三，仅比火花队高。如果快船队和湖人队或国王队在同一天都有比赛的话，快船总是要把黄金时段的比赛时间让给这两个队。并且据报道，快船队的更衣室也要比湖人队的小，这一切都给快船队带来诸多不便。

Staples Center is home to four professional[1] sports teams, the Lakers, Clippers[2], Kings[3] and Sparks[4].

1. professional /prə'feʃənl/ adj. 职业的，专业的
2. Clippers 洛杉矶快船队（NBA 职业篮球队之一）
3. Kings 洛杉矶国王队（国家冰球联盟 (NHL) 的球队之一）
4. Sparks 洛杉矶火花队（美国女子篮球联盟 (WNBA) 的球队之一）

球场犯规竟是这个下场!

斯台普斯中心见证了许多豪强球队的辉煌。2012年，冰球斯坦利杯总决赛首次在斯台普斯中心举行，洛杉矶国王队在自己的主场迎战来访的新泽西魔鬼队。在比赛进入白热化后，魔鬼队的球员伯尼尔在第六场比赛中严重犯规，国王队趁机连入3球，以6：1大胜新泽西魔鬼队，捧得建队45年以来第一座斯坦利杯总冠军（国家冰球联盟的最高奖项）。

The Stanley Cup Finals[1] were held at the arena[2] for the first time in 2012.

1. Stanley Cup Finals 斯坦利杯决赛（斯坦利杯是国家冰球联盟的最高奖项）
2. arena /ə'ri:nə/ n. 竞技场

歌坛巨星在此离奇身亡？

除了体育比赛，斯台普斯中心也举办过许多音乐会。歌坛巨星迈克尔·杰克逊曾在此为即将举行的巡回演唱会进行排练。但演唱会开场前夕，他却因急性心脏病身亡，以至演唱会被取消。后来，杰克逊的追悼会也是在斯台普斯中心举行的，各界名流皆到场悼念他。湖人队的新老两大旗帜人物"魔术师"约翰逊和"黑曼巴"科比也都参加了追悼会，并上台发表追悼感言。

On July 7, 2009, a public memorial[1] for Michael Jackson[2] was held at Staples Center.

1. memorial /məˈmɔːriəl/ *n.* 纪念仪式
2. Michael Jackson 迈克尔·杰克逊（美国歌手、词曲创作人、舞蹈家、表演家、慈善家。）

斯合普斯为何如此"善变"？

　　斯台普斯中心是洛杉矶地区的一座多功能体育馆，但是你一定想不到该体育馆内只有一个球场。通常，球场一天之中可能会进行几场不同的赛事。一场比赛结束后，工作人员会迅速给球场"换装"。如果是举行同类型的赛事，只用换上带有另一个队伍标志的地板即可；如果是不同类型的赛事，例如从篮球赛转换成冰球赛，工作人员就需要移走篮球架，在地板上铺上冰面。

It is up to the crew[1] overseen[2] by the Staples Center operations department[3] to reconfigure[4] the floor for each game.

1. crew /kruː/ *n.* 全体人员　　　　　　　　　　2. oversee /ˌəʊvəˈsiː/ *vt.* 监督，审查
3. Staples Center operations department 斯台普斯中心运营部门、业务部
4. reconfigure /ˌriːkənˈfɪɡə(r)/ *vt.* 重新配置，重新组合

Exercise
练习
明星广场
Star Plaza

（答案见第 116 页）

昨夜洛杉矶刮起大风，将斯台普斯中心外明星广场上部分雕像的介绍牌吹掉了。你能根据介绍文字的内容，帮助工作人员将雕像与对应的介绍牌正确配对吗？

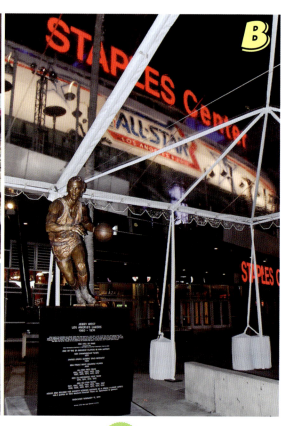

杰里·韦斯特（Jerry West），湖人队（LA Lakers）球员，获得过 1 次美国职业篮球联盟（National Basketball Association，NBA）总冠军。NBA 商标就是他运球动作的剪影，即雕像展示的左手运球造型。

卡里姆·阿布杜尔—贾巴尔（Kareem Abdul-Jabbar），曾效力过湖人队，是最强中锋之一。因其出手点很高无法封盖，人送外号"天勾（the Skyhook）"。获得过 6 次 NBA 总冠军，NBA 历史得分榜第一名。

埃尔文·约翰逊（Earvin Johnson），湖人队球员。雕像伸出的左手完美体现出他球场指挥家的特点。外号"魔术师（the Magic）"，曾获得过 5 次 NBA 总冠军，3 次最有价值球员（MVP），3 次总决赛最有价值球员（FMVP）。

Exercise
练习 赛事活动
Events

（答案见第 116 页）

假如你是斯坦普斯中心的小小宣传员，准备为斯台普斯中心近期活动制作一份宣传简报。请根据手上的斯台普斯中心赛事活动安排表，为相关的赛事活动选取合适的照片吧。

日期（Date）	活动（Events）	照片（Photo）
12 月 4 日，19:30	TFboys 演唱会	————
11 月 22 日，21:00	NBA 篮球赛	————
10 月 15 日，20:30	拳王争霸赛（Boxing Champion）	————
9 月 30 日，19:00	国家冰球联盟（National Hockey League, NHL）冰球赛	B

Exercise 练习 篮球 Basketball

（答案见第 116 页）

篮球在美国是很受欢迎的运动，斯台普斯中心前的广场上的 7 尊明星雕像近一半都和篮球有关。请结合你对篮球的了解，回答下面的问题。

1 篮球运动起源于_____，由体育教师詹姆士·奈史密斯（James Naismith）发明。

A. 中国　　　　　B. 美国　　　　　C. 加拿大　　　　　D. 澳大利亚

2 在 NBA 中，每个球队有_____名球员同时上场。

A. 5　　　　　B. 6　　　　　C. 8　　　　　D. 10

3 篮球运动中有 5 种不同的位置，下列不属于这 5 种位置之一的是_____。

控球后卫/组织后卫
（Point Guard）

得分后卫
（Shooting Guard）

小·前锋
（Small Forward）

大前锋
（Power Forward）

中锋
（Center）

守门员/门将
（Goalkeeper）

圣塔莫尼卡海滩
Santa Monica Beach

圣塔莫尼卡海滩位于加州圣塔莫尼卡市，毗邻风景宜人的 17 英里风景区，是美国 66 号公路的终点，也是洛杉矶最有名的海滩之一。作为距离市区最近的海滩，圣塔莫尼卡海滩平日里都是人潮涌动，热闹非凡。这里不仅是洛杉矶市民举家度假的首选，也是情侣们享受二人世界的天堂。华灯初上时，从沙滩一直绵延至大海的太平洋游乐园便会成为一片欢乐的海洋。海滩上的圣塔莫尼卡码头更是不容错过的景点，它是美国西海岸最古老的码头，也是这座城市的象征。

万人齐聚海滩，
这是要干啥？

圣塔莫妮卡海滩全长35英里、沙质柔软，是南加州海滩群中的标志性海滩。在海滩上，游客们可以进行游泳、冲浪、骑行、排球、室外象棋、海滨体操等活动，因此海滩被誉为户外度假者的天堂。每到夏天，这里经常人满为患。有一年夏天因为出现了罕见的高温天气，为了避暑，当时几乎有10万人集聚在圣塔莫尼卡海滩上。

Santa Monica Beach is located along Pacific Coast Highway[1] in Santa Monica, and it is an iconic example[2] of the famed[3] Southern California beaches.

1. Pacific Coast Highway 太平洋海岸高速公路　　2. example /ɪɡ'zɑːmpl/ n. 例子
3. famed /feɪmd/ adj. 著名的

不可思议，公园竟变演唱厅？

圣塔莫尼卡码头位于圣塔莫妮卡海滩，是著名的地标性建筑，有一百多年的历史。值得一提的是码头上的太平洋游乐园，该公园与其他公园不同，常年会有街头艺人、广播电台或其他的团体来这里举办演唱会或其他的活动。此外，公园内还有水族馆，电动游乐场以及从1920年就开始启用的旋转木马。

Pacific Park is an oceanfront[1] amusement park[2] located on the Santa Monica Pier[3].

1. oceanfront /ˈəʊʃnfrʌnt/ *n.* 海滨
2. amusement park 游乐园
3. Santa Monica Pier 圣塔莫尼卡码头

一条公路居然拯救了上万人？

圣塔莫尼卡海滩在美国66号公路的西侧尽头。19世纪末，66号公路只是一条走马车的土路。后来美国政府投资重新修建这条道路，历时十余年才竣工。在这期间，恰逢西方世界为之色变的经济大萧条。这一修建工程为处在困难时期的美国提供了上万个就业岗位，成为众多工人维持生计的救命稻草。因此66号公路被美国人称为"母亲之路"。

U.S. Route 66[1] is known as the Will Rogers Highway[2] and colloquially[3] known as the Mother Road.

---

1. U.S. Route 66 美国66号公路   2. Will Rogers Highway 威尔罗杰公路
3. colloquially /kəˈləʊkwiəli/ *adv.* 用通俗语地，口语地

反反复复，66号公路究竟怎么了？

　　1985年，66号公路因不能胜任日益繁忙的州际交通而被迫退役，从美国公路系统中被抹去，取而代之的是州际高速公路。但为了纪念原来的"母亲之路"，美国公路系统将州际高速在伊利诺伊州、新墨西哥州以及亚利桑那州中的路段定为国家景观旁道，取名"历史遗产66号公路"。就这样，66号公路又以不同的面貌重新回到了美国地图上。

Route 66 originally[1] ran from Chicago, Illinois[2], through Missouri[3], Kansas[4], Oklahoma[5], Texas[6], New Mexico and Arizona before ending at Santa Monica, California.

1. originally /ə'rɪdʒənəli/ *adv.* 最初，起初
2. Illinois /ˌɪlɪ'nɔɪ(z)/ *n.* 伊利诺伊州
3. Missouri /mɪ'zuəri/ *n.* 密苏里州
4. Kansas /'kænsəz/ *n.* 堪萨斯州
5. Oklahoma /ˌəuklə'həumə/ *n.* 俄克拉荷马州
6. Texas /'teksəs/ *n.* 德克萨斯州

这棵树，惹不起？

17 英里风景区临近圣塔莫尼卡海滩，因全长 17 英里而得名。风景区有很多美丽的景点，其中最壮观的地标景点就是孤柏。它独自生长在峭壁中，有 200 多年的树龄，与美国同寿！如今孤柏已经成为一种象征，它不仅有专人看护、有保险，还被注册了商标。这棵树本身以及所有与这棵树有关的图像全归 17 英里管理公司所有，未经授权严禁任何商业用途。

Standing on a granite[1] hillside[2] off 17-mile drive, the Lone Cypress[3] is a western icon[4], and has been called one of the most photographed[5] trees in North America.

1. granite /ˈɡrænɪt/ n. 花岗岩
2. hillside /ˈhɪlsaɪd/ n. 山坡，山腰
3. Lone Cypress 孤柏
4. icon /ˈaɪkɒn/ n. 图标
5. most photographed 最上镜的

圆石滩上打高尔夫？

17英里风景区是位于圆石滩的观景路。圆石滩内最著名的要属圆石滩林克斯球场，它于1919年开业，以设计精美和极具挑战性闻名于世，一直深受赞助商和高尔夫球员们的喜爱。这个球场曾多次举办世界最著名的高尔夫赛事，老虎伍兹就曾在这里拿过冠军。

17-Mile Drive is a scenic[1] road through Pebble Beach[2] and Pacific Grove[3] on the Monterey Peninsula[4] in California.

1. scenic /'si:nɪk/ *adj.* 风景优美的
2. Pebble Beach 圆石滩
3. Pacific Grove 太平洋丛林市
4. Monterey Peninsula 蒙特瑞半岛

圣塔莫妮卡码头
Santa Monica Pier

（答案见第 117 页）

来到圣塔莫妮卡海滩，圣塔莫妮卡码头是必游的景点。码头边有各种各样的餐馆和商铺，还有儿童游乐场，吃喝玩乐一应俱全。请根据你了解的背景知识将下列图片与其对应的文字连线。

欢迎来到太平洋游乐园（the Pacific Park）！看，惊险刺激的过山车、地道独特的美食、独一无二的太阳能摩天轮正在向你招手呢！

码头上典雅美观、历史悠久的陆夫旋转木马（Looff Carousel）绝对能第一时间抓住你的眼球。还在等什么？赶紧来体验一下吧！

你想亲眼看看鲨鱼吗？你想亲手摸摸海星吗？你想了解更多有关水中生物的知识吗？请来圣塔莫妮卡码头水族馆（Santa Monica Pier Aquarium）吧。

66 号公路
Route 66

（答案见第 117 页）

圣塔莫妮卡海滩是 66 号公路（ROUTE 66）的终点。因各种历史原因，这条公路被分成了不同的路段。请根据下面的资料将地图中的信息补充完整（填入的信息包括公路名和地名）。

1 美国 66 号公路（U.S. Route 66）最初以伊利诺伊州（Illinois）的芝加哥市（Chicago）为起点，横贯密苏里州（Missouri）、堪萨斯州（Kansas）、俄克拉荷马州（Oklahoma）、德克萨斯州（Texas）、新墨西哥州（New Mexico）、亚利桑那州（Arizona），终点是加州的圣塔莫妮卡（Santa Monica）。

2 后来因日益繁重的交通任务，美国 66 号公路最终被州际高速公路（Interstate Highway System）取代。此公路途经伊利诺伊州、密苏里州、新墨西哥州以及亚利桑那州的路段被定为国家景观旁道（National Scenic Byway），命名为历史 66 号公路（Historic Route 66）。

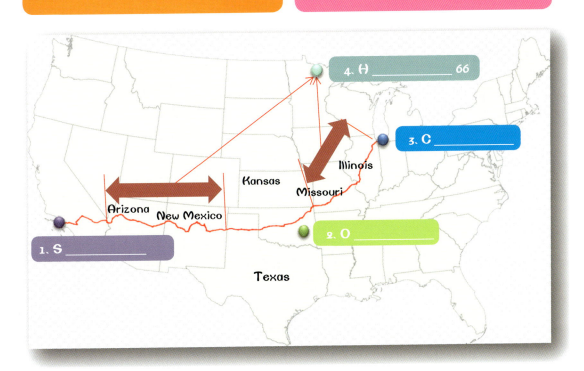

17 英里风景区
17-Mile Drive

（答案见第 117 页）

17 英里风景区（17-Mile Drive）内有三处景点，景点名字的英文单词就藏在表格中，请在表格中圈出这 8 个单词，并说说这些单词组成了什么图案？（提示：组成的图案是两个数字和一个字母）

B	A	R	O	C	K	O	B	E	B	R	Y	A	N
I	G	N	E	Y	O	R	U	A	I	E	C	H	O
G	R	U	I	P	R	E	S	A	R	E	A	D	A
O	K	L	A	R	B	R	O	T	D	G	I	C	P
L	I	K	E	E	A	S	V	H	P	A	M	R	H
F	E	A	B	S	L	U	M	E	E	T	A	P	E
E	X	C	U	S	O	L	E	A	B	R	E	A	K
D	A	M	N	J	I	C	O	U	B	L	I	N	G
E	A	R	S	N	A	M	E	N	L	A	N	I	U
R	A	C	K	I	E	S	S	C	E	P	T	E	D
D	O	S	L	K	I	L	O	T	E	R	R	S	E

鸟岩（Bird Rock）

圆石滩林克斯球场
（Pebble Beach Golf Links）

孤柏
（Lone Cypress）

Chapter 9 科罗拉多大峡谷
Grand Canyon

科罗拉多大峡谷位于美国亚利桑那州西北部，科罗拉多高原西南部，是科罗拉多河亿万年冲刷下的杰作。大峡谷全长446千米，最深处达2133米，是世界上最大的峡谷之一，也是地球上自然界七大奇景之一。1980年，大峡谷被列入世界自然遗产名录，这不仅是因为它令人瞩目的规模，更在于它的地质学意义：保存完好并充分暴露的岩层，记录了北美大陆早期几乎全部的地质历史。大峡谷也因此被称为"活的地质史教科书"。

在悬崖上

建玻璃桥？不可能吧！

大峡谷西缘上的悬空玻璃观景桥号称"21世纪世界奇观"，据说能承受72架波音飞机的重量。这一奇观出自一位出生于上海的美国华裔企业家。有一天，他来到大峡谷游玩，萌生了在大峡谷的悬崖峭壁上建造一座玻璃桥的想法。由于大峡谷位于美国华莱派印第安自然保护区，他随即和当地的部落展开合作，并和拉斯维加斯的工程师一起确定了设计方案，最终建成了这座U型玻璃桥。

In 1996, businessman[1] David Jin, from Las Vegas[2], NV, approached[3] the Hualapai Tribe[4] with the idea of a glass walkway[5] over the Grand Canyon.

1. businessman /ˈbɪznəsmæn/ *n.* 商人   2. Las Vegas 拉斯维加斯（美国内华达州城市）
3. approach /əˈprəʊtʃ/ *vt.* 向……提议   4. Hualapai Tribe 华莱派部落
5. walkway /ˈwɔːkweɪ/ *n.* 走道，通道

峡谷上空走钢丝？不要命啊！

　　美国著名的高空钢丝表演家尼克·瓦伦达于 2013 年 6 月 23 日成功挑战科罗拉多大峡谷。挑战当天，大峡谷上刮着强风，在没有系安全绳索的情况下，尼克手持保持平衡用的长竹竿，走在直径不过 5 厘米的钢丝上，在高约 460 米的地方横渡大峡谷，仅用时 22 分 54 秒，成为史上征服科罗拉多大峡谷的第一人。

On June 23, 2013, Nik Wallenda[1] became the first person to successfully cross[2] the Grand Canyon on a tightrope[3].

1. Nik Wallenda 尼克·瓦伦达（有"空中飞人"之称的著名高空走钢索表演家）
2. cross /krɒs/ vt. 横跨，穿越　　　3. tightrope /ˈtaɪtrəup/ n. 绷索，钢丝

神秘的崖居人哪儿去了？

　　看到大峡谷那蛮荒裸露的地形，你一定想不到会有人曾在此定居吧。其实，人类在这儿有至少 3000 年的居住史，峡谷内的崖居遗迹就是佐证。在悬崖下的大空洞中有许多房屋，房屋中有的储食罐中还存有食物，地上还摊着没做完的活计，唯独主人不见踪影。这些崖居人的去向成了未解之谜。人类学家推测当时居住在这儿的可能是美洲印第安人，但关于他们为什么会离开就不得而知了。

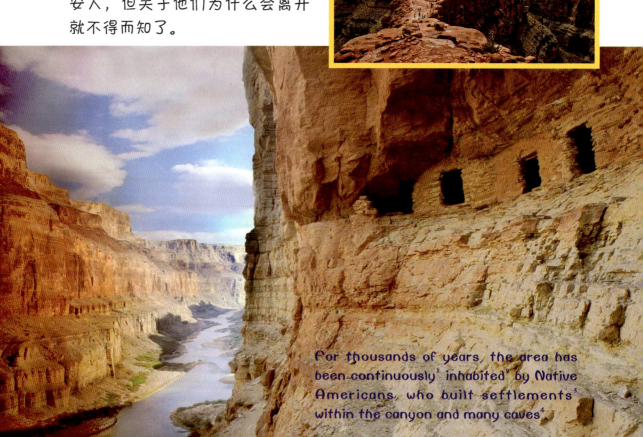

For thousands of years, the area has been continuously¹ inhabited² by Native Americans, who built settlements³ within the canyon and many caves⁴.

---

1. continuously /kən'tɪnjuəsli/ *adv.* 不断地
2. inhabit /ɪn'hæbɪt/ *vt.* 居住，栖息
3. settlement /'setlmənt/ *n.* 定居地
4. cave /keɪv/ *n.* 洞穴，窑洞

峡谷大名竟是这样来的?

1540 年，探险船长洛佩斯·卡德纳斯接到来自西班牙征服者科罗纳多的命令去寻找神话中西波拉的七个黄金城。于是他带领一支由西班牙士兵组成的小队，在印第安人向导的引领下，来到了大峡谷的南缘，成为第一位来到大峡谷的欧洲人。当他翻过落基山脉看到满目红石的峡谷，便被其壮丽的荒原景色所震撼，当即将此峡谷命名为"科罗拉多"（西班牙语，意为红色）。

The expedition[1] team of Francisco Vázquez de Coronado discovered[2] the Grand Canyon and many other famous landmarks[3].

1. expedition /ˌekspəˈdɪʃn/ n. 探险
2. discover /dɪˈskʌvə(r)/ vt. 发现
3. landmark /ˈlændmɑːk/ n. 地标

大峡谷的闻名源于一本日记?

直至美国内战，大峡谷还鲜为人知。当时，老兵鲍威尔召集了几位弟兄一起去大峡谷探险。他们乘船从科罗拉多河漂流而下一直航行到大峡谷底，一路惊险万分。科罗拉多河湍急的河流超出了鲍威尔的想象，木船行至谷底时被暗礁险滩撞碎，探险队员也因各种原因或逃跑或死亡，唯独鲍威尔死里逃生。后来，他的历险日记被发表，这在美国本土和欧洲引起了极大的反响，使大峡谷地区在地图上不再是空白。

John Wesley Powell was an original American adventurer[1] and explorer[2]. In 1869, he and his expedition of men entered the Grand Canyon in boats.

1. adventurer /əd'ventʃərə(r)/ n. 冒险家　　2. explorer /ɪk'splɔːrə(r)/ n. 探险家

大峡谷是如何炼成的？

科罗拉多大峡谷所在地科罗拉多高原为典型的"桌状高地"，即顶部平坦侧面陡峭的山。由于相对稳定，高原地表的起伏变化极小，其中分布着地球进化史上各时期的岩层。后来，在科罗拉多河的不断冲刷下，比较坚硬的岩层构成河谷之间地区的突起，脆弱的岩层则成了沟壑，并最终变成了今天的科罗拉多大峡谷。

The Grand Canyon is a steep-sided[1] canyon[2] carved[3] by the Colorado River[4] in the state of Arizona[5] in the United States.

1. steep-sided /stiːpˈsaɪdɪd/ adj. 陡峭的
2. canyon /ˈkænjən/ n. 峡谷
3. carve /kɑːv/ vt. 切开
4. Colorado River 科罗拉多河
5. Arizona /ˌærəˈzəʊnə/ n. 美国亚利桑那州

97

练习 地质
Geology

（答案见第 118 页）

你们班的地理老师组织了一次大峡谷的实地勘探，回到学校后，老师出了一张地理试卷。请根据你所学的知识，完成其中一部分试题。

1 科罗拉多大峡谷是怎样形成的？
A. 河流侵蚀
B. 冰川侵蚀
C. 上帝用斧头劈的
D. 地震造成的

2 从整体上来看，大峡谷呈现什么颜色？
A. 绿色
B. 白色
C. 黑色
D. 红色

西缘
West Rim

（答案见第 118 页）

科罗拉多大峡谷的"空中走廊"，是一座悬空玻璃桥，也是大峡谷西缘最为著名的景观。参观完大峡谷后，地理老师让你们根据该玻璃桥的数据绘制一个表格，请完成下列表格。

正式名称（Official Name）	大峡谷空中走廊（Grand Canyon _____）
地点（Location）	美国亚利桑那州的科罗拉多大峡谷
开幕日（Open）	2007 年 3 月 28 日
形状（Shape）	_____型
主要材料（Main Material）	_____（glass）
所有者（Owner）	华莱派部落（Hualapai Tribe）
总长（Total Length）	21 米（_____ feet）（1 米 ≈ 3.28 英尺）
建筑师（Architect）	马克·罗斯·约翰逊（Mark Ross Johnson）
花费（Cost）	$ _____（thirty million dollars）

南缘
South Rim

（答案见第 118 页）

峡谷的工作人员准备在南缘的各个景点上设立路标，但有位新来的员工却分不清以下的路标究竟是 A 景点还是 B 景点的。通过给出的提示，你能帮助他将地标放到正确的景点处吗？

这里是南缘的最高点，海拔 7522 英尺。

在这里可以看到整个大峡谷和科罗拉多河。

Desert View
Watchtower
沙漠景观瞭望塔

今日感悟
What I Learn Today

令你印象最深刻
的是什么?
What
impress you most?

你学到了什么?
What
do you learn?

你有其他想对你的
父母、老师或者朋
友说的话吗?
Do you have
any other words
you want to say to
your parents
/teachers /friends?

签名:
Signature:

Chapter 10 科罗纳多酒店
Hotel del Coronado

作为全美第一家装设电灯的酒店以及全美第一家五星级酒店，科罗纳多酒店拥有一百多年的历史。酒店是一座庞大的五层楼木质建筑群，红顶白墙，由内而外透着维多利亚时期的浓浓英伦风。酒店地处海滨，人们还可以在此玩水上运动、欣赏美景以及参加酒店举办的各种主题活动。自建成以来，科罗纳多酒店就一直是美国圣地亚哥市的历史性地标建筑，吸引着无数达官显贵、明星甚至总统们的光顾。

他为美人
弃江山？

　　据说科罗纳多酒店是威尔士亲王爱德华第一次遇见辛普森夫人的地方，那时爱德华对辛普森一见钟情。于是，时任英国国王的爱德华决定娶离过婚的辛普森夫人为妻，但此举违反了英国王位与英国国教继承规定。为了迎娶辛普森夫人，爱德华将王位禅让给他的弟弟乔治六世。退位后的爱德华改称温莎公爵，辛普森也获封为"温莎公爵夫人"，爱德华不爱江山爱美人的故事也成为一段佳话。

On April 7, 1920, Edward, Prince of Wales[1] was honored with a grand banquet[2] in the Crown Room[3].

1. Prince of Wales 威尔士亲王（英格兰吞并威尔士后，英王便将"威尔士亲王"头衔赐予自己的继承人。从此以后，"威尔士亲王"便成了英国王储的同义词。）
2. banquet /ˈbæŋkwɪt/ n. 宴会　　　　3. Crown Room 皇冠厅

酒店惊现幽灵顾客

　　科罗纳多酒店有一位特殊的住户，她就是传说中名为凯特的幽灵。1892 年，凯特曾入住过酒店的 304 号房间，她告诉服务生她在等身为医生的哥哥来帮自己治疗胃癌，但她的哥哥却从未出现过。三天后，她的尸体在通往酒店沙滩的台阶上被发现，这个案子被定为自杀。后来，不时有人声称在酒店里遇见凯特的鬼魂，这吸引了许多猎奇爱好者入住酒店。

Another famous resident[1] of the hotel is the purported[2] ghost[3] of Kate Morgan.

1. resident /ˈrezɪdənt/ *n.* 住宿者
2. purported /pəˈpɔːtɪd/ *adj.* 传说的
3. ghost /gəʊst/ *n.* 幽灵

酒店出名全凭"长相"！

科罗纳多酒店是一间以红色屋顶白色墙面著称的维多利亚式大型建筑。由于这里景色优美，许多电影制片商都喜欢来这儿取景。在这间酒店拍摄的电影中比较著名的是《特技杀人狂》《扭计大少》以及玛丽莲·梦露主演的《热情似火》，梦露正是凭借这部影片获得金球奖音乐及喜剧类最佳女主角的。

The hotel has been featured[1] in at least twelve other films, including: Some Like It Hot[2], The Stunt Man[3] and the 1990 version[4] of My Blue Heaven[5].

1. feature /'fiːtʃə(r)/ vt. 特写，描绘 (或表现)……的容貌
2. Some Like It Hot《热情似火》（ 玛丽莲·梦露主演的电影 ）
3. The Stunt Man《特技杀人狂》（ 1980 年在美国上映的动作、惊悚、爱情电影 ）
4. version /'vɜːʃn/ n. 版本   5. My Blue Heaven《扭计大少》(1990 年在美国上映的喜剧电影)

在荒岛上怎么建酒店？

　　19世纪80年代，两名投资商打算在科罗纳多岛上建一座恢宏的酒店。当时的科罗纳多岛是一片遍布长腿大野兔和土狼的沙地，要在这样的土地上建一座大酒店是非常困难的，其中最大的难题是缺乏木头和工人。后来来自旧金山与奥克兰地区的中国移民纷纷涌入圣地亚哥务工，酒店雇佣了许多中国移民，才得以建成。

Construction of the hotel began in March 1887, "on a sandspit[1] populated[2] by jack rabbits[3] and coyotes[4]".

1. sandspit /sænds'pɪt/ *n.* 沙嘴
2. populate /'pɒpjuleɪt/ *vt.* 生活于
3. jack rabbit 长腿大野兔
4. coyote /kaɪ'əʊti/ *n.* 一种产于北美大草原的小狼

酒店建成前突遭变故？

在酒店完工前夕，加州南部的地产泡沫破灭，许多人纷纷抛弃圣地亚哥，酒店也陷入经济危机。为了完成酒店的最后建设，科罗纳多岛海滩公司的创始人巴考克向船长辛德和糖业巨头斯普莱克斯寻求支持，他们借给巴考克 10 万美元，最终酒店凭这些钱才支撑到完工。1888 年，这座拥有 399 间客房的酒店终于正式开业，当时还有许多圣地亚哥市民跨越海湾来一睹其风采。

查尔斯·辛德 (Charles T. Hinde)

约翰·斯普莱克斯 (John D. Spreckels)

To raise funds[1], Babcock turned to Captain Charles T. Hinde and sugar magnate[2] John D. Spreckels, who lent[3] Babcock $100,000 to finish[4] the hotel.

1. fund /fʌnd/ n. 资金
2. magnate /'mægneɪt/ n. 巨头，大资本家
3. lend /lend/ vt. 借给
4. finish /'fɪnɪʃ/ vt. 完成

酒店成为政界重地？

　　酒店自营业起，就深受美国总统和各界名人的青睐，至今，已接待过 16 位美国总统。1891 年，美国第 23 任总统哈里森在此享用过早餐，他深深地爱上了这座红顶白墙的建筑，说道"若你曾来此体验，必定会想永远留在这里。罗斯福总统在访问圣地亚哥时，也曾将这里当做白宫外的第二个办公地。更甚之，尼克松总统把与墨西哥总统会晤的国宴从白宫搬至此处，科罗纳多酒店的政治意义可见一斑。

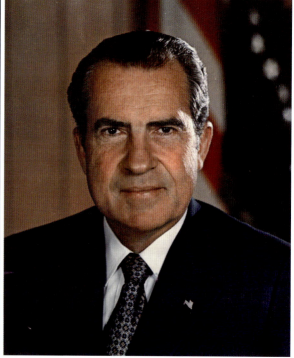

Hotel del Coronado has hosted[1] presidents, royalty[2], and celebrities through the years.

1. host /həʊst/ vt. 当主人，款待　　2. royalty /ˈrɔɪəlti/ n. 皇室

建筑风格
Architectural Genre

（答案见第119页）

科罗纳多酒店是美国圣地亚哥市的历史性地标建筑，外形美观、风格独特。请根据所看所学回答下列问题。

1 科罗纳多酒店主要是用什么材料建成的？
A. 水　　　　　B. 木头
C. 沙子　　　　D. 钢铁

2 酒店的外部主要颜色为_____色和_____色。

3 科罗纳多酒店是一座_____的建筑。
A. 维多利亚风格　　B. 中式风格　　C. 韩式风格　　D. 土豪风格

小贴士

爱迪生发明了电灯。在1888年，爱迪生亲自监督，为酒店设计安装了照明设备，使酒店成为美国西部最早全面装设电灯的现代化酒店。

入住的名人
Notable Guests

（答案见第 119 页）

很多名人都曾经入住过科罗纳多酒店。这些来自不同领域的名人，你都认识吗？请将名人与其对应的描述连线。

第 44 任美国总统，为美国历史上第一位非洲裔总统。曾下榻科罗纳多酒店。

美国 20 世纪最著名的电影女演员之一，曾在科罗纳多酒店拍摄《热情似火》（Some like It Hot）。

托马斯·爱迪生
（Thomas Edison）

爱德华八世
（Edward VIII）
和辛普森夫人
（Wallis Simpson）

贝拉克·奥巴马
（Barack Obama）

玛丽莲·梦露
（Marilyn Monroe）

据说在科罗纳多酒店邂逅并上演了一段"爱美人不爱江山"的浪漫故事。

查理·卓别林
（Charlie Chaplin）

电灯的发明者，亲自为酒店设计安装了照明设备。据说酒店如今还保存着他当年亲手制作的灯泡。

英国著名喜剧演员，被酒店浓浓的维多利亚时期英伦风情所吸引，多次前往酒店下榻。

举办的活动
Events

（答案见第 119 页）

　　科罗纳多酒店是一个美丽浪漫的地方，吸引了很多游人。这里每年都会举办不同主题的活动。下面是酒店的一份活动安排表，你能将图片与对应活动配对吗？

活动 （Events）	介绍 （Detail）	时间 （Date & Time）	场地 （Venus）	照片 （Photo）
灯乐汇 （Delights）	酒店在灯光的映衬下如同金碧辉煌的宫殿	11 月 26 日至 1 月 1 日，每天 16:30 – 21:30	露天花园 （Garden Patio）	A
感恩节晚宴 （Thanksgiving Dinner）	享受美酒佳肴的火鸡盛宴	感恩节当日 （每年 11 月的第 4 个周四）	海滨宴会厅 （Oceanfront Ballroom） 或是皇冠厅 （Crown Room）	———
海边滑冰场 （Skating by the Sea）	在海边草坪上搭设的冰场上滑冰	从感恩节当日一直到 1 月 7 日结束	温莎草坪 （Windsor Lawn）	———

Chapter 1 迪士尼乐园度假区

华特·迪士尼

姓名：华特·迪士尼（Walt Disney）

身份：华特迪士尼公司（The Walt Disney Company）的创始人

最好的伙伴：米老鼠（Mickey Mouse）

获得奖项：艾美奖（Emmy Awards）、奥斯卡金像奖（Academy Awards）

建造的主题公园：迪士尼乐园

迪士尼的童话王国

片名《冰雪奇缘》Frozen

主要角色（写2个）安娜（Anna）艾莎（Elsa）

片名《狮子王》The Lion King

主要角色（写2个）辛巴（Simba）丁满（Timon）

内部景点

可能看到的建筑：BCEF

图上几处景点分别是：A 黄鹤楼　B 迪士尼边域世界　C 迪士尼新奥尔良广场　D 埃及金字塔　E 迪士尼动物天地　F 迪士尼米老鼠卡通城

迪士尼乐园

景点的介绍与地图上的英文名连线：

边域世界——FRONTIERLAND　　幻想世界——FANTASYLAND

米老鼠卡通城——MICKEY'S TOONTOWN　　美国大街——MAIN STREET, U.S.A.

动物王国——CRITTER COUNTRY　　探险世界——ADVENTURELAND

明日世界——TOMORROWLAND　　新奥尔良广场——NEW ORLEANS SQUARE

迪士尼加州探险乐园

1. 主题区：C Paradise Pier　2. 主题区：A A Bug's Land　3. 主题区：B Grizzly Peak

米奇图案有 26 个。

环球影城布局

1、Special Effects Stage   2、

3、拳击手套、梨、葫芦、
　 人形饼干

好莱坞   C

动画经典角色

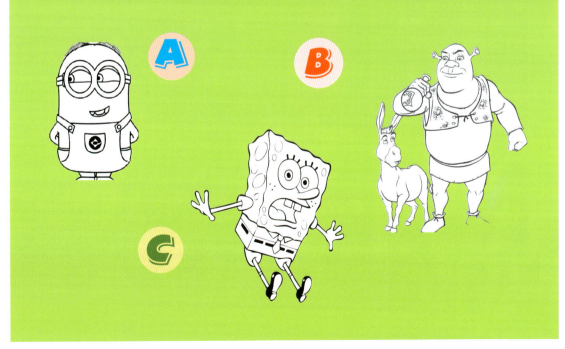

Chapter 3 好莱坞星光大道

领域

"无线电麦克风"图标（2）　　"悲喜剧面具"图标（5）　　"留声机"图标（4）

"电视机"图标（1）　　"电影摄影机"图标（3）

明星

略（请参考前一页的图标画出简图）

提示：迈克尔·杰克逊（"留声机"图标）　　成龙（"电影摄像机"图标）

帕特里克·斯图尔特（"悲喜剧面具"图标）　　凯西·格森（"无线电麦克风"图标）

特殊的星星

1. A　　2. C　　3. D

奥斯卡金像奖

1. C　　2. B　　3. C

Chapter 4 加州大学洛杉矶分校

历史

1. branch　2. Library　3. Hollywood　4. president　5. University　6. students

名人

人物 （Person）	图片 （Picture）	身份 （Identity）	职业领域 （Career Areas）	成就 （Achievements）
路易斯·J·伊格纳罗	A	UCLA 药理学教授	学术界	1998 年获诺贝尔医学奖
陶哲轩	B	UCLA 数学教授	学术界	获得了国际数学界的最高奖项菲尔兹奖
赵美心	D	美国联邦众议员	政治界	第一位华裔女性国会议员
约翰·伍登	C	前 UCLA 篮球教练	体育界	荣获美国总统自由勋章——美国公民的最高荣誉勋章

著名的原因

1. B　　2. A

原始园区

城堡山真是太刺激了，里面有许多过山车项目。我最喜欢的是骑士锦标赛，坐上去便开始把人 360 度翻转到头晕眼花。

我喜欢趣味小镇，因为我可以在初级驾驶学校里驾驶电动汽车，并且可以在课程结束后拿到正式的乐高驾驶执照。

美国迷你乐园实在是太好玩了，看起来就像是缩小版的美国。在那里游玩就像是来到了小人国一样。

童话小河

1. Sleeping Beauty
   prince
   王子正在唤醒公主
2. 阿拉丁神灯
   Aladdin
3. 小红帽
   小红帽到外婆家看望外婆

拼图

2	5	9
7	1	6
4	8	3

园区

这里是宠物露天表演广场，小宠物们不仅可爱，还擅长表演各种杂技呢。

欢迎来到海狮水獭露天表演广场，虽然海狮们长得很憨厚，模仿他人却是棒棒的。

小朋友们最喜欢的曼塔鳐鱼过山车来啦，别看我外形可爱，我的内心可是很狂野的哦。

表演

1. B   2. B   3. A

海洋动物知多少

1. A   2. B   3. A   4. A

Chapter 7 斯台普斯中心

明星广场

B 杰里·韦斯特（Jerry West），湖人队（LA Lakers）球员，获得过1次美国职业篮球联盟（National Basketball Association, NBA）总冠军。NBA商标就是他运球动作的剪影，即雕像展示的左手运球造型。

A 卡里姆·阿布杜尔—贾巴尔（Kareem Abdul-Jabbar），曾效力过湖人队，是最强中锋之一。因其出手点很高无法封盖，人送外号"天勾（the Skyhook）"，获得过6次NBA总冠军，NBA历史得分榜第一名。

C 埃尔文·约翰逊（Earvin Johnson），湖人队球员。雕像伸出的左手完美体现出他球场指挥家的特点。外号"魔术师（the Magic）"，曾获得过5次NBA总冠军，3次最有价值球员（MVP），3次总决赛最有价值球员（FMVP）。

赛事活动

日期（Date）	活动（Events）	照片（Photo）
12月4日，19:30	TFboys 演唱会	C
11月22日，21:00	NBA 篮球赛	A
10月15日，20:30	拳王争霸赛（Boxing Champion）	D
9月30日，19:00	国家冰球联盟（National Hockey League, NHL）冰球赛	B

篮球

1. B   2. A   3. F

圣塔莫妮卡码头

欢迎来到太平洋游乐园（the Pacific Park）！看，惊险刺激的过山车、地道独特的美食、独一无二的太阳能摩天轮正在向你招手呢！

码头上典雅美观、历史悠久的陆夫旋转木马（Looff Carousel）绝对能第一时间抓住你的眼球。还在等什么？赶紧来体验一下吧！

你想亲眼看看鲨鱼吗？你想亲手摸摸海星吗？你想了解更多有关水中生物的知识吗？请来圣塔莫妮卡码头水族馆（Santa Monica Pier Aquarium）吧。

66 号公路

1. Santa Monica

2. Oklahoma

3. Chicago

4. Historic Road

17 英里风景区

组成的图案是：
数字"17"和字母"M"

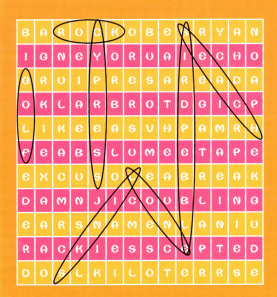

Chapter 9 科罗拉多大峡谷

地质

1、A   2、D

西缘

正式名称（Official Name）	大峡谷空中走廊（Grand Canyon Skywak）
地点（Location）	美国亚利桑那州的科罗拉多大峡谷
开幕日（Open）	2007 年 3 月 28 日
形状（Shape）	_U_ 型
主要材料（Main Material）	玻璃（glass）
所有者（Owner）	华莱派部落（Hualapai Tribe）
总长（Total Length）	21 米（ 70 feet）（1 米 ≈ 3.28 英尺）
建筑师（Architect）	马克·罗斯·约翰逊（Mark Ross Johnson）
花费（Cost）	$ _30,000,000_ （thirty million dollars）

南缘

A

Desert View
Watchtower
沙漠景观瞭望塔

建筑风格

1. B   2. 红、白   3. A

入住的名人

第 44 任美国总统，为美国历史上第一位非洲裔总统。曾下榻科罗纳多酒店。

美国 20 世纪最著名的电影女演员之一，曾在科罗纳多酒店拍摄《热情似火》（Some like It Hot）

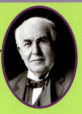

托马斯·爱迪生
（Thomas Edison）

爱德华八世
（Edward VIII）
和辛普森夫人
（Wallis Simpson）

贝拉克·奥巴马
（Barack Obama）

玛丽莲·梦露
（Marilyn Monroe）

查理·卓别林
（Charlie Chaplin）

电灯的发明者，亲自为酒店设计安装了照明设备。据说酒店如今还保存着他当年亲手制作的灯泡。

据说在科罗纳多酒店邂逅并上演了一段"爱美人不爱江山"的浪漫故事。

英国著名喜剧演员，被酒店浓浓的维多利亚时期英伦风情所吸引，多次前往酒店下榻。

举办的活动

活动（Events）	介绍（Detail）	时间（Date & Time）	场地（Venus）	照片（Photo）
灯乐汇（Delights）	酒店在灯光的映衬下如同金碧辉煌的宫殿	11 月 26 日至 1 月 1 日，每天 16:30 - 21:30	露天花园（Garden Patio）	A
感恩节晚宴（Thanksgiving Dinner）	享受美酒佳肴的火鸡盛宴	感恩节当日（每年十一月的第四个周四）	海滨宴会厅（Oceanfront Ballroom）或是皇冠厅（Crown Room）	B、C
海边滑冰场（Skating by the Sea）	在海边草坪上搭设的冰场上滑冰	从感恩节当日一直到 1 月 7 日结束	温莎草坪（Windsor Lawn）	D

WORD INDEX 单词附录

forget /fə'get/ vt. 忘记

found /faʊnd/ vt. 创办，建立

founder /'faʊndə(r)/ n. 创建人

fund /fʌnd/ n. 资金

ghost /ɡəʊst/ n. 幽灵

graduate /'ɡrædʒuət/ n. 毕业生

granite /'ɡrænɪt/ n. 花岗岩

grove /ɡrəʊv/ n. 果园

guest /ɡest/ n. 客人，顾客

handprint /'hændprɪnt/ n. 手印

hillside /'hɪlsaɪd/ n. 山坡，山腰

hire /'haɪə(r)/ vt. 雇用

hit /hɪt/ n. 成功而轰动（或风行）一时的事物（如唱片、电影或戏剧）

history /'hɪstri/ n. 历史

icon /'aɪkɒn/ n. 图标

iconic /aɪ'kɒnɪk/ adj. 标志性的

Illinois /ˌɪlɪ'nɔɪ(z)/ n. 伊利诺斯州

include /ɪn'kluːd/ vt. 包含

inhabit /ɪn'hæbɪt/ vt. 居住，栖息

institution /ˌɪnstɪ'tjuːʃn/ n. 机构

investor /ɪn'vestə(r)/ n. 投资者

Kansas /'kænsəz/ n. 堪萨斯州

landmark /'lændmɑːk/ n. 地标

legend /'ledʒənd/ n. 传奇

lend /lend/ vt. 借给

magnate /'mæɡneɪt/ n. 巨头，大资本家

memorial /mə'mɔːriəl/ n. 纪念仪式

Missouri /mɪ'zʊəri/ n. 密苏里州

monument /'mɒnjumənt/ n. 纪念碑，典范

new /njuː/ adj. 新的，新鲜的（最高级：newest 最新的）

nickname /'nɪkneɪm/ n. 绰号

oceanfront /'əʊʃnfrʌnt/ n. 海滨

Oklahoma /ˌəʊklə'həʊmə/ n. 俄克拉荷马州

original /ə'rɪdʒənl/ adj. 原始的

originally /ə'rɪdʒənəli/ adv. 最初，起初

outdoor /'aʊtdɔː(r)/ adj. 户外的，露天的

oversee /ˌəʊvə'siː/ vt. 监督，审查

penguin /'peŋɡwɪn/ n. 企鹅

permanent /'pɜːmənənt/ adj. 永久的

populate /'pɒpjuleɪt/ vt. 居住于

professional /prə'feʃnl/ adj. 职业的，专业的

professor /prə'fesə(r)/ n. 教授

profit /'prɒfɪt/ n. 利润（常用复数）

promote /prə'məʊt/ vt. 提升

purported /pə'pɔːtɪd/ adj. 传说的

ranch /rɑːntʃ/ n. 大牧场

rank /ræŋk/ n. 等级

record /'rekɔːd/ n. 记录

reconfigure /ˌriːkən'fɪɡə(r)/ vt. 重新配置，重新组合

remember /rɪ'membə(r)/ vt. 记住

replacement /rɪ'pleɪsmənt/ n. 替代品

represent /ˌreprɪ'zent/ vt. 代表，表示

reproduction /ˌriːprə'dʌkʃn/ n. 复制品

retrospective /ˌretrə'spektɪv/ adj. 怀旧的，回顾的

resident /'rezɪdənt/ n. 住宿者

reward /rɪ'wɔːd/ vt. 奖励，奖赏

ride /raɪd/ n. 供乘骑的游乐设施

rivalry /'raɪvlri/ n. 竞争，对抗

sandspit /sænds'pɪt/ n. 沙嘴

scale /skeɪl/ n. 比例

scenic /'siːnɪk/ adj. 风景优美的

season /'siːzn/ n. 赛季，季节

settlement /'setlmənt/ n. 定居地

sidewalk /'saɪdwɔːk/ n. 人行道

soak /səʊk/ vt. 使浸湿

special /'speʃl/ adj. 特别的，特殊的

species /'spiːʃiːz/ n. 种类，类别

spectacular /spek'tækjələ(r)/ adj. 壮观的

steep-sided /stiːp'saɪdɪd/ adj. 陡峭的

studio /'stjuːdiəʊ/ n. 工作室

Texas /'teksəs/ n. 德克萨斯州

theft /θeft/ n. 盗窃，偷

themed /θiːmd/ adj. 以……为主题的

throughout /θruː'aʊt/ prep. 自始至终，贯穿

tightrope /'taɪtrəʊp/ n. 绷索，钢丝

transform /træns'fɔːm/ vt. 改变，转换

vandalism /'vændəlɪzəm/ n. 故意破坏

version /'vɜːʃn/ n. 版本

walkway /'wɔːkweɪ/ n. 走道，通道

walnut /'wɔːlnʌt/ n. 胡桃

成长足迹
Growing Footprint

从本书中你学到了什么?
What do you learn from the book?

你有哪些能力提高了?
What abilities do you upgrade?

你有其他想对你的父母、老师或者朋友说的话吗?
Do you have any other words you want to say to your parents /teachers /friends?

签名：
Signature：

读石油版书，获亲情馈赠

《没有我不知道的美国　洛杉矶篇》意见反馈卡

　　亲爱的读者朋友，首先感谢您阅读我社图书，请您在阅读完本书后填写以下信息。我社将长期开展"读石油版书，获亲情馈赠"活动，凡是关注我社图书并认真填写读者信息反馈卡的朋友都有机会获得亲情馈赠，我们将定期从信息反馈卡中评选出有价值的意见和建议，并为填写这些信息的朋友免费赠送一本好书。

1. 您购买本书的动因：书名、封面吸引人□ 内容吸引人□ 版式设计吸引人□

2. 您认为本书的内容：很好□ 较好□ 一般□ 较差□

3. 您认为本书在哪些方面存在缺陷：内容□ 封面□ 装帧设计□

4. 您认为本书的定价：较高□ 适中□ 偏低□

5. 您认为本书最好应附送：MP3 □ CD □ 磁带□ 其他_____

6. 您还读过哪些英语课外书？_____

7. 您对本书有哪些不满意之处？
_____

8. 您还需要哪些英语课外读物？
_____

9. 您在何处哪个书店购买的本书？
_____

10. 您对本书的综合评价：
_____

您的联系方式：

姓名_____　　邮政编码_____

地址_____

单位_____　　电话_____

手机_____　　E-mail_____

回信请寄：北京，朝阳区，安华西里三区 18 号楼，石油工业出版社综合楼，1001 室
　　　　　尹璐（收）

邮政编码：100011

电子信箱：yinlu007@cnpc.com.cn　　（复印有效）

图书在版编目（CIP）数据

没有我不知道的美国. 洛杉矶篇：汉、英 / 江涛，王丽丽，许红彬主编.
北京：石油工业出版社，2016.7
（江涛英语）
ISBN 978-7-5183-1282-5

Ⅰ. 没…
Ⅱ. ①江… ②王… ③许…
Ⅲ. ①英语–青少年读物 ②旅游指南–洛杉矶–青少年读物
Ⅳ. ①H31-49 ②K971.29-49

中国版本图书馆CIP数据核字（2016）第126625号

没有我不知道的美国　洛杉矶篇

主编　江涛　王丽丽　许红彬

出版发行：石油工业出版社
　　　　　（北京安定门外安华里2区1号　100011）
网　　　址：www.petropub.com
编　辑　部：(010) 64251389　图书营销中心：(010) 64523633
经　　　销：全国新华书店
印　　　刷：北京中石油彩色印刷有限责任公司

2016年7月第1版　2016年7月第1次印刷
787×1092 毫米　开本：1/16　印张：8.75
字数：150千字

定　价：39.80元
（如发现印装质量问题，我社图书营销中心负责调换）